Midena bei Knaur

Karin Iden

Nudeln machen schlank

- 2 bis 3 kg pro Woche abnehmen
- 100 leckere Rezepte

Inhaltsverzeichnis

Abnehmen und Wohlfühlen 4
Damit kommen Sie ans Ziel 5

Nudeln im Überblick 10
Nudeln – die langsamen Eroberer 11
Woher stammen die Nudeln eigentlich? 12
Bunte Nudel-Vielfalt 12
Für jedes Gericht die richtige Nudel 14
Nudeln mit und ohne Ei 14
Nudeln sind gesund 15
Nudeln machen schlank 16
Nudeln machen glücklich 17
Nudeln kochen, aber richtig 18
Rohe Nudeln richtig lagern 19
Unkompliziert – die Pasta-Diät 20
Convenience macht das Kochen leicht 21
Mit Nudeln purzeln die Pfunde 22
Tipps zur Nudel-Diät 23

Für einen guten Start in den Tag 24
(200 kcal)

Müslis in bunter Vielfalt 36
(200 kcal)

Hauptgerichte zum Sattessen 46
(400 kcal)

Ideen für den schnellen Imbiss 84
(200 kcal)

Mahlzeiten für zwischendurch 108
(100 kcal)

Vier-Wochen-Speiseplan 118

Rezeptregister 125

Impressum 128

Abnehmen und Wohlfühlen

Figur ist gefragt. Längst hat auch die Mode Abschied genommen von hohlwangigen Hungerkünstlerinnen. Das Idealgewicht und eine gute Figur sollen sich nicht an Werbespots und Model-Maßen orientieren, die erhungert werden. Von Radikaldiäten ist dringend abzuraten, da sie gesundheitsschädlich sein können. Auch dem Übergewicht durch FdH zu Leibe zu rücken, ist nicht der richtige Weg. Unter solchen »Rosskuren« leidet nicht nur der Körper, sondern auch die Seele. Es kann zu Mangelerscheinungen und Depressionen kommen, und nach der Diät sammeln sich die überzähligen Pfunde doppelt schnell wieder an. Um diesem so genannten Jo-Jo-Effekt zu entgehen, heißt die Devise: gesund und schlank durch ausgewogene Mahlzeiten, Sport oder Fitnessübungen. Das Ziel: straffes Gewebe, gesundes Haar, glatte Haut, kräftige Nägel. Und der willkommene Nebeneffekt: Mit dem neuen Gesundheitsbewusstsein steigert sich auch das Selbstwertgefühl.

Damit kommen Sie ans Ziel

Achten Sie beim Abnehmen darauf, dass Sie nicht zu viele Pfunde verlieren. Auch Untergewicht ist ein Risikofaktor. Bevor Sie mit unserer Pasta-Diät beginnen, sollten Sie feststellen, ob Sie über-, unter- oder normalgewichtig sind. Für die Berechnung des normalen bzw. idealen Körpergewichts gibt es verschiedene Methoden. Hier sind sie:

Die Broca-Formel

Nach der Broca-Formel ist die Berechnung besonders einfach. Von der Körpergröße in Zentimetern wird die Zahl 100 abgezogen.

Ein Beispiel

Sie sind 170 Zentimeter groß, minus 100 ist gleich 70. Ihr Normalgewicht beträgt also 70 Kilogramm.

Um zum Idealgewicht zu kommen, zieht man bei Frauen von dieser Zahl noch einmal 15 und bei Männern 10 Prozent ab.
Somit beträgt das Idealgewicht für eine 170 Zentimeter große Frau 59,5 Kilogramm, für einen Mann bei gleicher Größe 63 Kilogramm.
Liegen Sie 20 bis 30 Prozent über dem Normalgewicht, sind Sie übergewichtig, bei 15 bis 20 Prozent darunter sind Sie zu dünn.
Anzustreben ist das Wohlfühlgewicht. Dabei werden die Grenzen nicht so eng gesehen. Zur Ermittlung nimmt man das Normalgewicht, allerdings mit einer Schwankungsbreite von 10 Prozent nach unten und oben. Bei 170 Zentimeter Körpergröße liegt das individuelle Wohlfühlgewicht also zwischen 63 und 77 Kilogramm.

Der Body-Mass-Index

Beim Body-Mass-Index (BMI) dividieren Sie das Körpergewicht (in Kilogramm) durch die Körpergröße (in Metern); das Ergebnis teilen Sie dann erneut durch die Körpergröße. Daraus ergibt sich der individuelle Body-Mass-Index.
Ein Beispiel für ein Gewicht von 63 Kilogramm und eine Größe von 1,72 Meter:

- 63 geteilt durch 1,72 ergibt 36,62.
- 36,62 nochmals geteilt durch 1,72 ergibt einen BMI von 21,29.

Liegt der BMI zwischen 18 und 25, sind Sie normalgewichtig. Es spielt allerdings auch das Lebensalter eine Rolle. Bei jüngeren Menschen sollte sich der BMI eher im unteren Bereich bis 22 bewegen. Werte zwischen 25 und 30 zeigen ein leichtes Übergewicht an, ab 30 schweres Übergewicht. Bei einem Zuviel von 2 bis 3 Kilogramm über dem Normalgewicht, ist vom medizinischen Standpunkt aus noch alles in Ordnung. Wer sich nicht wohl fühlt, kann das Gewicht ganz schnell mit einem Nudel-Diättag reduzieren.

Der Kneif-Test

Drücken Sie an Taille, Bauch und Oberschenkel die obere Hautschicht zwischen Daumen und Zeigefinger zusammen. Wer mehr als eine 2,5 cm dicke Speckschicht zwischen den Fingern hält, könnte übergewichtig sein.

Gesundheit pur

Leben ist eine ununterbrochene Energieumwandlung. Damit der Körper richtig funktionieren kann, muss ihm regelmäßig Energie zugeführt werden, und zwar in der richtigen Kombination. Unsere tägliche Nahrung setzt sich zusammen aus Eiweiß, Fett und Kohlenhydraten, die im Körper »verbrannt« werden. Die dabei entstehende Wärme wird in Kalorien oder Joule gemessen (1 kcal = 4,2 kJ).

Kohlenhydrate

Unsere wichtigsten Energiequellen für Muskeln, Nerven- und Gehirnzellen sind die Kohlenhydrate. Sie sind enthalten in zucker- und stärkehaltigen Nahrungsmitteln. Kohlenhydrate aus Zucker, Konfitüre, Honig, Kuchen, weißem Mehl, Süßigkeiten und zuckerhaltigen Getränken (Limonaden) werden besonders schnell in Energie umgewandelt. Ein Überangebot dieser Lebensmittel verwandelt sich in Fettplösterchen. Kohlenhydrate in Form von Vollkornprodukten, Kartoffeln, Nudeln, Reis oder Gemüse werden langsamer abgebaut; sie enthalten zusätzlich wertvolle Vitamine, Mineralstoffe und Ballaststoffe.

Wie viel Energie ist enthalten?

1 g Eiweiß und 1 g Kohlenhydrate liefern jeweils 4 kcal; 1 g Fett mehr als das Doppelte, nämlich 9 kcal.

Eiweiß

Eiweiß (Protein) versorgt den Körper mit lebenswichtigen Aminosäuren, die für den Aufbau der Zellen wichtig sind. Bei der Verbrennung im Stoffwechsel verbraucht Eiweiß mehr Kalorien, als es liefert. Wenn Sie jedoch Fisch, Fleisch, Käse und Wurst verzehren, wandert häufig auch ein beachtlicher Fettanteil mit. Deshalb sollten Sie bei einer Diät darauf achten, stets fettarme Produkte zu verwenden.

Fett

Fett stellt im Körper die Energiereserve für schlechte Zeiten dar. Wen wundert´s, dass es besonders leicht gespeichert wird und daher, in größeren Mengen genossen, zu unschönen »Pölsterchen« führt.

Gesundheitsforderung: Weniger Fett!

Der tägliche Fettverbrauch der Deutschen liegt gegenwärtig bei 110 Gramm im Durchschnitt. Das ist bei weitem zu viel. Mehr als 70 bis 80 Gramm Fett sollten es nicht sein. Wie aber den Verzehr reduzieren? Lassen Sie bei fetten Fleisch- und Wurstsorten die Fettränder weg. Verwenden Sie für Frühstück und Abendbrot Halbfettprodukte (z. B. von Du darfst). Schneiden Sie das Brot dicker und die Wurst dünner.

Bei den Fetten unterscheidet man zwischen den gesättigten Fettsäuren (in tierischen Nahrungsmitteln) und ungesättigten Fettsäuren (vorwiegend in pflanzlichen Nahrungsmitteln und Ölen). Empfehlung: Geben Sie täglich 10 Gramm Fett mit ungesättigten Fettsäuren in Form von kaltgepressten Ölen an Salat oder Rohkost und schränken sie tierisches Fett weitgehend ein.

Ein Stück Lebenskraft

Vitamine und Mineralstoffe

Vitamine und Mineralstoffe liefern zwar keine Energie, sind aber dennoch wichtig. Sie steuern die verschiedenen Stoffwechselvorgänge im menschlichen Körper, schützen vor Infektionen, sind Schönheitsmittel für Haut, Haare und Nägel, helfen beim Abbau von Fetten, um nur einige positive Wirkungen zu nennen. Vitamine und Mineralstoffe sind besonders in Obst, Gemüse und Getreideprodukten enthalten.

Ballaststoffe

Ballaststoffe transportieren keine Kalorien. Sie sind Bestandteile pflanzlicher Nahrungsmittel, die im menschlichen Verdauungstrakt nicht abgebaut werden. Sie bringen den Darm in Schwung und können Abführmittel aus der Apotheke ersetzen. Ballaststoffe findet man vor allem in Vollkorn-Getreideprodukten und in Obst und Gemüse.

Flüssigkeit

Der menschliche Körper besteht zu zwei Dritteln aus Wasser. Es ist ein wichtiges Transportmittel für alle Nährstoffe und für den Sauerstoff. Daher ist es wichtig, immer ausreichend zu trinken; besonders gilt dies während einer Schlankheitsdiät. Es sollen dann jedoch nur Getränke aufgenommen werden, die möglichst kalorienfrei sind. Deshalb ist

Mineralwasser (natriumarm und magnesiumreich) ein idealer Partner. Auch salzarme Fleisch- und Gemüsebrühen, Kaffee ohne Milch und Zucker, Früchtetees, ungesüßte Natursäfte sowie Kur-Molke und kalorienarme Erfrischungsgetränke passen zur Reduktionsdiät.

Mit Spaß und Genuss

Eine erwachsene Frau (36–65 Jahre) mit vorwiegend sitzender Beschäftigung benötigt täglich nur 1800 bis 2200 Kilokalorien, ein Mann gleichen Alters 2400 bis 2700 Kilokalorien.Wer pro Tag weniger Kalorien zu sich nimmt, als er verbraucht, wird ganz bestimmt abnehmen. Am besten mit Spaß und Genuss. Denn wer genießen kann, isst weniger und langsamer. Die Nahrung gelangt auf diese Weise gut zerkaut in den Magen und macht schneller satt.

Und weil's Spaß machen soll: Essen Sie keine Nahrungsmittel, die Sie nicht mögen. Essen Sie nur, wenn Sie Hunger haben. Lassen Sie aber keine Mahlzeit aus. Fünf Mahlzeiten am Tag sollten es schon sein – die Portionen fallen dann entsprechend kleiner aus. Und weil Leben Bewegung ist, entscheiden Sie sich für einen Sport und üben ihn regelmäßig aus. Das bringt den Stoffwechsel auf Trab, und die Kalorien werden schneller verbrannt.

Neuer Lebensstil

Wer auf Dauer eine gute Figur machen möchte, sollte grundsätzlich die Ernährungsweise ändern. Getreideprodukte, Gemüse, Obst, Salate, fettarme Milchprodukte und Fisch gehören bevorzugt auf den Speiseplan. Stark reduziert werden sollte der Verzehr von Fleisch, Wurst, tierischen Fetten, Eiern sowie Zucker, Alkohol und Salz. Einmal wöchentlich möglichst unter gleichen Bedingungen das Gewicht kontrollieren. Bei jedem Pfund zu viel ist ein Nudel-Diät-Tag ratsam.

Ganz wichtig: In Bewegung bleiben! Wandern, Spazierengehen, Schwimmen oder Gymnastik sind dafür ideale Sportarten.

Nudeln im Überblick

Generationen von Hausfrauen und Köchen haben sich verdient gemacht, diese simple Mischung aus Eiern, Mehl (oder Weizengrieß) und Wasser in kulinarische Erlebnisse zu verwandeln. Teigwaren zählen zu den ältesten Grundnahrungsmitteln der Menschheit. Als der »Homo sapiens« daran ging, Getreide zu kultivieren, zermahlte er es schon bald zur besseren Bekömmlichkeit zwischen Steinen. Das so gewonnene Getreideschrot wurde mit Wasser zu einem zähen Teig angerührt, der als Fladen an der Sonne getrocknet, anschließend in Streifen geschnitten und in warme Brühe eingelegt wurde – fertig war die erste »Nudelsuppe«.

Nudeln – die langsamen Eroberer

Das Geheimnis um Herkunft und Ursprungsland der Nudel bleibt allerdings weiterhin bestehen. Offensichtlich hängt die Geschichte der Nudel eng von der Kultivierung des Getreides ab. Dort, wo Äcker bestellt wurden, ließ auch die Nudel nicht lange auf sich warten. Das älteste überlieferte Nudel-Rezept stammt aus China – mehr als 4000 Jahre alt, auf Pergament geschrieben, empfiehlt es, Nudeln mit Hühnerfleisch zu kombinieren. Die Nudeln bestanden schon damals aus Weizenmehl, Eiern und Wasser; somit waren sie Vorläufer der heutigen Eiernudeln, die vor allem in Deutschland produziert werden.

Bereits in der Antike bekannt

Auch den großen Kulturvölkern der Antike – den Griechen und Römern – waren Teigwaren bereits bekannt. So finden sich Mehlbeutel, Nudelbrett, Teigzange, Nudelholz und Teigrädchen auf Grab-Abbildungen der Etrusker aus dem 4. Jahrhundert vor Christus. Die weitverbreitete Mär vom Weltenbummler Marco Polo, der die Nudel in Italien eingeführt haben soll, als er 1292 nach seiner Rückkehr aus Asien wieder im Hafen von Genua festmachte, wäre damit widerlegt.

Woher stammen die Nudeln eigentlich?

Wann und wie Spaghetti, Ravioli und all die anderen Teigwaren nach Sizilien und Süditalien gekommen sind, ist daher nicht sicher. Vermutlich waren es Griechen, die die Nudel unter dem Namen »laganon« nach Süditalien gebracht haben. Daraus wurde dann das lateinische »laganum«. Noch heute heißen Bandnudeln im südlichen Italien »laganelle«. Alle Geheimnisse um die Geschichte der Nudel konnten jedoch noch nicht gelüftet werden. Fest steht, dass Menschen in den verschiedensten Regionen der Welt schon früh auf den Nudelgeschmack gekommen sind. In Italien blieb »Pasta« (=Teig) zunächst den Gourmets der feinen Gesellschaft vorbehalten – in einer Sauce aus Honig und Zucker. Erst in der Mitte des 18. Jahrhunderts waren Nudeln in ganz Italien als preiswertes Grundnahrungsmittel etabliert.

In Deutschland machten große Handelshäuser schon im 16. Jahrhundert mit Nudeln einträgliche Geschäfte. Haufrauen bekochten mit selbstgemachten Eiernudeln ihre Familien. Die erste gewerbliche Herstellung übernahmen die Bäcker.

Mit Beginn des 19. Jahrhunderts gewann auch die Nudelherstellung in Manufakturen an Bedeutung. Die industrielle Teigwarenfertigung entwickelte sich erst um die Jahrhundertwende zum 20. Jahrhundert und leitete somit den Siegeszug der Nudel hierzulande endgültig ein.

Bunte Nudel-Vielfalt

Ob Endlos-Spaghetti oder Nudel-Sternchen in der Suppe, ob Tortellini, Ravioli, Faden- oder Glasnudeln, ob Maultaschen, Spätzle, Muscheln oder Papardelle – die Nudelvielfalt ist schier grenzenlos. Überall auf der Welt gibt es Nudeln in irgendeiner Form. Und auch die Abgrenzungen zwischen den verschiedenen Küchen der Welt verschwimmen. Warum z. B. sollen italienische Pasta und pfannengerührtes, asiatisch gewürztes Gemüse nicht zusammenpassen?

Eine simple Mischung

Im Grunde sind Nudeln eine simple Mischung aus Mehl oder Grieß und Wasser, mal mit, mal ohne Ei. Die besten Nudeln werden aus Weizengrieß, vor allem aus Hartweizengrieß und Durumweizen hergestellt. Diese sind stärkeärmer, besonders eiweißreich und haben einen hohen Kleberanteil, der für den Biss der Nudel entscheidend ist. Hartweizengrieß hat von Natur aus einen gelblichen Farbton und macht daher auch ohne Eigelbzugabe einen appetitlichen Eindruck.

Weichweizennudeln enthalten weniger Eiweiß, dafür mehr Stärke, die beim Kochen leicht ins Wasser übergeht.

Vollkornnudeln, aus Hartweizen oder Weichweizen, werden aus dem vollen Korn gemacht. Sie haben eine bräunliche Färbung und schmecken kräftig-nussig. Meistens enthalten sie kein Ei, aber viele Ballaststoffe. Die Garzeit ist länger als bei einfachen Nudeln.

Daneben gibt es auch Nudeln aus anderen Getreidesorten, z. B. Roggennudeln aus reinem, hochausgemahlenem Roggenmehl, außerdem Hirsenudeln aus Hartweizengrieß mit 60 Prozent Hirseanteil.

Asiatische Nudeln werden ebenfalls aus unterschiedlichen Getreidesorten hergestellt, z.B. Soja, Buchweizen, Reis, aber auch Weizen und Getreidemischungen.

Neben den getrockneten Nudeln gibt es auch frische Teigwaren in allen nur denkbaren Variationen, lose beim Delikatessenhändler oder auch abgepackt im Kühlregal des Supermarktes. Ein besonderer Genuss aber sind selbst gemachte frische Nudeln! Die Herstellung nimmt zwar etwas mehr Zeit in Anspruch, ist aber ganz einfach.

Hausgemachte Nudeln

Für 6 Portionen

300 g Weizenvollkornmehl
100 g Hartweizengrieß
½ TL Salz
2 frische Eier(Größe M)
1 TL Pflanzenöl
Mehl zum Ausrollen

- Mehl, Grieß, Eier, Salz und Öl zu einem geschmeidigen Teig verarbeiten, eine Kugel formen, 30 Minuten in einer Plastiktüte ruhen lassen.

- Den Teig in 3 bis 4 Teile schneiden. Je ein Stück Teig auf bemehlter Fläche dünn ausrollen. Restlichen Teig abdecken.
- Die Teigplatte dünn mit Mehl bestäuben und von beiden Seiten etwa 5 cm breit zur Mitte hin überschlagen und zusammenfalten.
- Den zusammengelegten Teig etwas antrocknen lassen, dann mit einem langen scharfen Messer in die entsprechend gewünschten Streifen schneiden und vorsichtig auf ein mit Mehl bestäubtes Tuch verteilen, die Streifen etwas schütteln, damit sie sich voneinander lösen. So lange trocknen lassen, bis die Nudeln hart sind. Dann wie gewohnt verwenden.

Für jedes Gericht die richtige Nudel

Allein von deutschen Nudelherstellern werden heute mehr als 60 verschiedene Formen angeboten. Ganz oben in der Gunst der Verbraucher stehen Spaghetti, dicht gefolgt von Spiralnudeln, Bandnudeln, Hörnchen und Spätzle. Auch wenn´s mancher nicht für möglich hält, auch die Form der Nudel beeinflusst den Geschmack. So lässt sich beispielsweise mit gedrehten Formen, wegen der vielen Rundungen, mehr Sauce aufnehmen als mit flachen Bandnudeln. Kleine Formen wie Faden- oder Schnittnudeln, Sternchen oder Buchstaben gelten als ideale Suppeneinlagen. Für Salate empfehlen sich kurze, runde, gedrehte oder gerillte Formen. Spaghetti harmonieren am besten mit dem Geschmack pikanter Hackfleischsaucen. Und Spätzle passen zum saftigen Braten ebenso wie zu deftigen Linsen.

Nudeln mit und ohne Ei

In Deutschland erfreuen sich Eiernudeln besonderer Beliebtheit. Eier verfeinern nicht nur den zarten Geschmack der Nudel, sie tragen auch zum satten, gelben Aussehen bei.

In der industriellen Teigwarenproduktion wird hauptsächlich Voll-Ei und Frisch-Ei, seltener Trocken-Ei verwendet. Eiernudeln müssen, laut Lebensmittelgesetz, auf 1 Kilo Weizenrohstoff mindestens 2 ¼ Hühner-Eidotter enthalten.

Nudeln sind gesund

Immer mehr Menschen achten auf eine gesunde Ernährung, und da soll der geschmackvolle Genuss nicht zu kurz kommen. Viele Ernährungswissenschaftler raten zu Eiernudeln, da diese eine ernährungsphysiologisch besonders hochwertige Kombination von Getreide- und Eiproteinen enthalten. Nudeln werden daher auch in der Sporternährung und bei der diätetischen Behandlung verschiedener Stoffwechselerkrankungen empfohlen. Auch bei Kreislauf- und Nierenerkrankungen sind sie als Kost bestens geeignet.

Nudeln liegen also voll im Trend. Sie schmecken köstlich, liefern Energie, lebenswichtige Vitamine und wertvolle Mineralstoffe. Besonders hervorzuheben sind Vitamin B_1, Magnesium, Eisen und Fluor.

Eine Portion von 100 g Eierteigwaren deckt den Tagesbedarf eines Erwachsenen an Magnesium zu 19 Prozent. Magnesium ist wichtig bei der Übertragung von Nervenimpulsen und für die Muskelspannung sowie die Enzymaktivierung beim Energiestoffwechsel.

Vitamin B_1 ist an wichtigen Reaktionen im Energiestoffwechsel beteiligt und wirkt auch mit an der Umsetzung von Kohlenhydraten in Energie.

Eisen ist der Mineralstoff, der für den Sauerstofftransport im Blut zuständig ist. 100 g Nudeln (Rohware) liefern mit 1,6 mg Eisen 11 % des täglichen Eisenbedarfs.

Fluoride, die ebenfalls in Teigwaren enthalten sind, härten den Zahnschmelz und erhöhen die Widerstandsfähigkeit gegen Karies. Weiterhin ist Fluor am Aufbau von Knochen beteiligt und wird auch in Zusammenhang mit Osteoporose diskutiert.

Und das ist drin in 100 g gekochten Nudeln:

72 g Kohlenhydrate
13 g Eiweiß
außerdem die Vitamine A, B_1, B_2 und Niacin
dabei nur Spuren von Fett und Natrium.

Nudeln machen schlank

Nudeln sind leicht verdaulich und werden vom Organismus voll ausgenutzt. Lange galten Nudeln als Dickmacher – zu Unrecht. Ihren inzwischen guten Ruf als Schlankmacher verdanken Nudeln vor allem den reichlich enthaltenen Kohlenhydraten von etwa 70 Prozent. Es handelt sich hier um die wertvollen komplexen Kohlenhydrate, die vom Körper nach und nach in einfache Kohlenhydrate abgebaut werden und die so eine gleichmäßige Energieversorgung garantieren.

In Eiernudeln – aus Hartweizengrieß hergestellt – findet man Nährstoffe im optimalen Mischungsverhältnis: viele Kohlenhydrate, eine ausgewogenen Menge biologischer Mineralstoffe. Während Eiernudeln schon ernährungsphysiologisch sehr wertvoll und leicht verdaulich sind, enthalten Vollkornnudeln zusätzlich auch Ballaststoffe.

Und noch ein Vorteil, der alle Nudeln verbindet: Pro 100 g liefern sie ungekocht nur 350 Kilokalorien. Eine normale Portion (100 g Nudeln) plus Tomatensauce, mit geriebenem Käse hat etwa 450 Kilokalorien. Dies entspricht rund einem Viertel des täglichen Energiebedarfes bei einer sitzenden Tätigkeit. Damit zählt ein Nudelgericht zu den leichtesten Mahlzeiten. Mit Nudeln kann man also durchaus »spaghettidünn« bleiben oder werden. Besonders, wenn die Gerichte mit frischen Kräutern kombiniert werden, bieten Nudeln eine ideale Nährstoffkombination. Schweren Sahnesaucen, wie bei manchem Italiener um die Ecke üblich, sollten Sie allerdings meiden, denn ihnen verdanken die Nudeln das ungerechtfertigte Urteil als Dickmacher. Wie aus unseren Rezepten ersichtlich, gibt es ebenso leckere Alternativen mit weniger Kalorien, das beweist diese Nudel-Diät.

Nudeln als Beilage

Für Nudeln als Beilage benötigt man pro Person 50 g Rohteigwaren. Gekocht werden daraus 120 g. Das wären 180 Kilokalorien (760 Kilojoule). Das ist nicht viel für eine sättigende Beilage.

Nudeln – cholesterinarm

Laut Statistik werden im Bundesdurchschnitt täglich etwa 400 bis 500 mg Cholesterin mit der Nahrung aufgenommen. Die DGE (Deut-

sche Gesellschaft für Ernährung) empfiehlt gesunden Menschen, diesen Wert durch ausgewogene Ernährung möglichst zu reduzieren.
Menschen mit erhöhten Cholesterinwerten und somit erhöhtem Infarktrisiko sollten möglichst nicht mehr als etwa 300 mg Cholesterin pro Tag zu sich nehmen. Nudeln können zu einer ausgewogenen Ernährung ohne überhöhte Cholesterinzufuhr beitragen: 100 g Eiernudeln haben durchschnittlich nur etwa 94 mg Cholesterin und zählen damit zu den cholesterinarmen Nahrungsmitteln.
Ein Deutscher verzehrt im Durchschnitt etwa 5 kg Nudeln im Jahr. Das entspricht – statistisch gesehen – täglich etwa 12,4 mg Cholesterin pro Person. Selbst bei einer Verdoppelung des Nudelverzehrs stellt die Cholesterinzufuhr durch Nudeln kein Problem dar, auch nicht für Menschen mit erhöhtem Cholesterinspiegel.

Nudeln machen glücklich

Nudeln haben nicht nur den Vorteil, dass sie sättigen und gesund sind, Nudeln bringen überdies noch gute Laune. Amerikanische Wissenschaftler fanden den Zusammenhang zwischen »food and mood« heraus, z. B. dass bei kohlenhydratreicher Kost die Stimmungslage des Menschen erheblich besser ist als bei eiweißbetonter Ernährung. Die verschiedenen Stimmungslagen hängen, so die Wissenschaftler, von den biochemischen Prozessen im Gehirn ab, die durch den Stoffwechsel beeinflusst werden. Verantwortlich für die gute Laune ist ein Stoff im Gehirn namens Serotonin. Dabei passiert in etwa folgendes:
Das Gehirn bildet den Stimmungsmacher Serotonin normalerweise selbst. Dazu sind verschiedene Stoffe, insbesondere die Aminosäure Tryptophan, notwendig. Tryptophan ist ein Eiweißbaustein, den wir vorwiegend mit magerem Fleisch, Joghurt, Fisch und Eiern zu uns nehmen. Wie viel Trytophan seinen Weg ins Gehirn findet, hängt ganz davon ab, was wir sonst noch essen. Je mehr komplexe Kohlenhydrate, z.B. als

Vollkornprodukte, Obst oder Gemüse, wir gleichzeitig zu uns nehmen, um so mehr Tryptophan kann auch ins Gehirn gelangen.

Der Zusammenhang ist relativ einfach. Natürlich haben auch andere Eiweißbausteine außer Tryptophan das Bestreben, ins Gehirn zu gelangen. Es herrscht also eine gewisse Konkurrenz. Um Kohlenhydrate abzubauen, schüttet die Bauchspeicheldrüse Insulin aus. Insulin hält die anderen Eiweißbausteine zurück, und somit steht genügend Tryptophan zur Verfügung, um Serotonin zu bilden. Und das reichlich – für mehr gute Laune.

Kohlenhydrate zusammen mit tryptophanhaltigen Lebensmitteln zu essen ist also eine gute Möglichkeit, Stimmungstiefs zu Leibe zu rücken. Eine ideales Nahrungsmittel in diesem Zusammenhang sind Nudeln. Und somit ist die Behauptung »Nudeln machen glücklich« auch wissenschaftlich bewiesen.

Nudeln kochen, aber richtig

Nudeln kochen ist an und für sich kinderleicht. Trotzdem sollten Sie bei der Zubereitung einige Punkte beachten, damit Ihre Nudelgerichte immer perfekt gelingen:

- Der Topf muss groß genug sein; pro 100 g Nudeln brauchen Sie 1 Liter Wasser und 10 g Salz. Die Nudeln erst ins Wasser geben, wenn es sprudelnd kocht.
- Wenn Sie keine Nudel-Diät machen, geben Sie, bevor die Nudeln ins Wasser kommen, einen Schuss Öl dazu.
- Sobald das Wasser wieder zu kochen beginnt, die Stopp-Uhr laufen lassen. Etwa 5 Minuten brauchen zarte Nudeln, 12 bis 15 Minuten alle anderen Nudeln. Auf alle Fälle auf die Packungsanweisung schauen, damit die Nudeln nicht zu weich oder zu sehr al dente sind.
- Nachdem Sie Wasser, Salz und Öl in einen ausreichend großen Topf gegeben haben, sollte das Wasser nur leicht sprudeln. Sofort nach

dem Hineingeben der Nudeln mit einem Holzlöffel umrühren, denn die Nudeln setzen sich gern am Topfboden fest und kleben aneinander. Die erste »Bissprobe« könnten Sie nach etwas 5 Minuten Kochzeit machen.

- Die richtig gegarte Nudel weist beim Durchbeißen innen einen kleinen festen Kern auf, der etwas Widerstand bietet. Dann ist die Nudel »al dente« bzw. bissfest.

Rohe Nudeln richtig lagern

Rohe Nudeln sollen möglichst dunkel, trocken und luftig aufbewahrt werden – fern von aromastarken Produkten, denn Nudeln nehmen gern Fremdgerüche an, weil sie hygroskopisch sind. Ideal sind gut schließende Blechdosen. Auf dekorative Nudel-Gläser für das Küchenregal sollten Sie wegen der Lichteinflüsse verzichten. Licht beeinträchtigt Vitamine, Geschmack und Aussehen. Die Nudeln werden leicht blässlich.

Gut verpackte Nudeln lassen sich bis zu drei Jahre ohne Einbußen bei Geschmack und Qualität lagern. Lediglich Gemüse- und Vollkornnudeln haben eine kürzere Lagerfähigkeit. Beachten Sie hierzu das Mindesthaltbarkeitsdatum auf der Packung.

Auf Vorrat gekocht

Gekochte Nudeln sind die ideale Mahlzeit für mittags und auch abends, besonders bei dieser Pasta-Diät. Sie können sich gleich für mehrere Tage versorgen. Denn gekochte Nudeln halten sich einige Zeit:

- Im Kühlschrank bis zu 2 Tage
- Im Kühlfach* bis zu 7 Tage
- Im Kühlfach ** bis zu 3 Wochen
- In der Tiefkühltruhe bis zu 6 Monate

Unkompliziert: die Pasta-Diät

Vier Wochen lang gut und abwechslungsreich essen und dabei auch noch abnehmen – mit der Pasta-Diät kein Problem. Wenn Sie alles gut einhalten, können Sie in vier Wochen 4 bis 6 Kilogramm abnehmen. Zur Hauptmahlzeit gibt es zum Beispiel Spaghetti mit scharfer Chilisauce, Champignon-Salbei-Nudeln mit Schweinefilet, Nudeln mit buntem Gemüse und Fisch, Geflügelleberpfanne mit Vollkornnudeln, Spaghettini mit Garnelen.

Dazu sind jeden Tag vorgesehen: Frühstück (mit 200 Kilokalorien), Zwischenmahlzeiten (mit 100 Kilokalorien) und ein Imbiss für den Abend oder fürs Büro mit 200 Kilokalorien.

- Hier wird jeder Frühstücksmuffel zum Fan. Das Frühstück ist jeden Tag anders zusammengestellt, und für jeden Geschmack ist ganz bestimmt etwas dabei.
- Wenn Sie das Hauptgericht (400 Kilokalorien) erst abends essen, bereiten Sie stattdessen mittags einen der Imbiss-Vorschläge mit 200 Kilokalorien zu.
- Praktisch für alle Berufstätigen: Die meisten Imbisse mit 200 Kilokalorien lassen sich gut zubereiten und problemlos mit zum Arbeitsplatz nehmen.

Convenience macht das Kochen leicht

Pro Tag gibt es 1000 Kilokalorien, die vorwiegend aus den Nudelmahlzeiten stammen. Wenn Ihnen diese Menge nicht ausreicht, können Sie die 1000-Kalorien-Diät jederzeit mit 200 Kilokalorien erhöhen, beispielsweise durch einen Imbiss mit 200 Kilokalorien oder zwei Extra-Mahlzeiten mit jeweils 100 Kilokalorien. Keine Angst, diese fallen nicht besonders ins Gewicht.

Diese Extra-Mahlzeiten helfen Ihnen auch, nach der Diät langsam zu größeren Mengen zurückzukehren. So verfallen Sie nicht in die alten (und falschen) Essgewohnheiten.

Die Rezepte haben alle keine lange Zubereitungszeit, denn es werden auch Convenience-Produkte verwendet. Convenience bedeutet Bequemlichkeit, gemeint sind vorgefertigte Lebensmittel, die entweder küchen-, gar- oder zubereitungsfähig, am besten verzehr- und verbrauchsfertig sind. Somit finden auch Tiefkühl- oder andere Halbfertigprodukte Verwendung. TK-Zwiebeln oder -Knoblauch, auch Kräuter der Provence oder Salatkräuter aus der Kühltruhe sind geradezu ideal. Verschiedene Brühen als Instantprodukt und Fonds aus dem Glas sind wunderbare Helfer in der Küche. Ansonsten sind auch andere TK-Gemüse und -Obst mit von der Partie, denn frischer geht es eigentlich nicht. Im Sommer, wenn die reifen Produkte auf dem Markt sind, können diese selbstverständlich gegen Frisches ausgetauscht werden.

Dass man mit wenigen Handgriffen aus diesen vorgefertigten Lebensmitteln Supergerichte machen kann, zeigen die nachfolgenden Rezepte.

Mit Nudeln purzeln die Pfunde

Für die schlanke Küche sind Nudeln ideal, da sich ihr Volumen durch Wasseraufnahme beim Kochen bis um das Dreifache vergrößert. Sie sättigen daher schnell. Die Kohlenhydrate bewirken darüber hinaus ein anhaltendes Sättigungsgefühl.

Alle Nudelsorten enthalten wertvolle, komplexe Kohlenhydrate, die vom Körper nach und nach in einfache Kohlenhydrate abgebaut werden und so einen stetig abrufbaren Energievorrat bilden. So garantieren Nudelmahlzeiten eine gleichmäßige Energieversorgung.

Darauf können Sportler und geistig Tätige gleichermaßen zurückgreifen, um Konzentration und Leistungsfähigkeit zu erhalten.

Das Vorurteil, dass Nudeln Dickmacher sind, verdanken sie den schweren Saucen, die es normalerweise dazu gibt. Ungekochte Nudeln haben pro 100 g zwar rund 350 Kilokalorien, da sie beim Kochen viel Wasser aufnehmen, haben gekochte Nudeln aber nur noch ein Drittel bis ein

Viertel davon. Also sind Nudeln zum Abnehmen hervorragend geeignet. Vollkornnudeln enthalten zusätzlich Ballaststoffe, die eine positive Wirkung auf den Magen-Darm-Trakt haben. Auch sorgen sie dafür, dass sich beim Verzehr von Nudeln ein schnelles und langanhaltendes Sättigungsgefühl einstellt, ohne dem Körper übermäßige Kalorien zu liefern.

Tipps zur Nudel-Diät

Trinken Sie viel Flüssigkeit, mindestens zwei bis drei Liter am Tag, hauptsächlich Wasser und ungesüßte Teesorten. Diese helfen mit, den Körper in Hochform zu bringen und Pfunde zu verlieren. Denn wer viel trinkt, spürt auch das Hungergefühl nicht so sehr.
Noch ein Tipp: Regelmäßig jede Stunde ein Glas Wasser trinken, so kommen Sie ohne viel Nachdenken auf Ihre Trinkmenge.

- Bewegung als Ergänzung zu dieser Diät bringt den vollen Erfolg. Gehen Sie doch einfach mal schnellen Schrittes eine halbe Stunde spazieren oder fahren Sie Fahrrad. Auch Kleinigkeiten, wie Treppen laufen statt Fahrstuhl fahren, helfen, den Kreislauf und die Figur in Schwung zu halten.
- Achten Sie auf Ihre Salzzufuhr. Wenig Salz wirkt sich günstig auf Ihren Blutdruck aus und damit langfristig auf Ihre Gesundheit. Pro bieren Sie es doch einfach mal aus in dieser Diät, wie gut man auch mit wenig Salz und vielen Kräutern kochen kann.

Ernährung langfristig umstellen

Nach einer oder mehreren Wochen mit unseren Pastarezepten sind Sie vielleicht auf den Geschmack gekommen. Um Ihr Traumgewicht zu erreichen oder zu halten, sollten Sie weiterhin auf eine gesunde, fettarme und kohlenhydratreiche Ernährung achten, bei der Nudeln natürlich mit auf den Speiseplan gehören.

Für einen guten Start in den Tag

Belegte Brote, Brötchen und Knäcke

Sesambrötchen mit Früchten

Für 1 Portion

1 Sesambrötchen
1 kleine Kiwi
1 Orange
50 g körniger Frischkäse
1 TL Himbeerkonfitüre
½ TL Mandelblättchen

- Das Brötchen waagerecht halbieren. Kiwi schälen, in Scheiben schneiden und halbieren. Die Orange schälen, mit einem scharfen Messer die Segmente zwischen den Trennwänden herausschneiden. Die Orangenfilets halbieren.
- Den Frischkäse auf der unteren Brötchenhälfte verteilen, darauf die Konfitüre geben, mit den Früchten belegen und die Mandelblättchen darüber streuen.

Croissant mit Nuss-Sanddorn-Quark

Für 1 Portion

1 Croissant
50 g Magerquark
½ TL Sanddornsaft (aus dem Reformhaus)
½ TL Honig
½ TL Haselnussblättchen
je 30 g kernlose blaue und grüne Weintrauben
Minzeblättchen

- Das Croissant waagerecht mit einem scharfen Messer halbieren. Quark und Sanddornsaft, Honig und Haselnussblättchen verrühren.
- Weintrauben waschen, trockentupfen, von den Stielen zupfen; die Beeren halbieren. Die Croissantunterhälfte mit dem Quark bestreichen, mit den Weinbeeren belegen, mit Minzeblättchen garnieren. Mit der Croissantoberhälfte abdecken.

Tipp

Es gibt die praktischen Kräuter aus der Tiefkühltruhe: Petersilie, Schnittlauch, Dill, Basilikum, Italienische Kräuter und Kräuter der Provence. Falls Sie Schnittlauch nicht mögen, wählen Sie eine Variante.

Vollkornbrot mit Ei

Für 1 Portion

1 Ei (Größe M)
1 Scheibe Vollkornbrot
etwas Tomatenmark
etwas Salz
frisch gemahlener weißer Pfeffer
1 EL Schnittlauchröllchen (frisch oder TK)

- Das Ei 5 Minuten in Salzwasser kochen, kalt abschrecken.
- Die Vollkornbrotscheibe mit Tomatenmark bestreichen. Das Ei pellen, in Scheiben schneiden und auf dem Tomatenmark verteilen. Mit Salz, Pfeffer und Schnittlauchröllchen bestreuen.

Quarkbrot mit Erdbeeren

Für 1 Portion

1 EL Magerquark
2 TL Crème fraîche
2 Tropfen Süßstoff
1 Scheibe Vollkornbrot
50 g TK-Erdbeeren, aufgetaut

- Magerquark, Crème fraîche und Süßstoff verrühren und die Scheibe Vollkornbrot damit bestreichen.
- Die aufgetauten Erdbeeren mit der Gabel etwas zerdrücken und auf dem Brot verteilen.

Knäckebrot mit Mortadella und Käse

Für 1 Portion

2 Scheiben Knäckebrot
1 TL Tomatenmark
1 Scheibe kalorienreduzierte Geflügelmortadella
1 Salatblatt
½ Ecke kalorienreduzierter Schmelzkäse (z. B. Gemüse oder Schmelzli)
etwas gehackte Petersilie (frisch oder TK)

- Eine Knäckebrotscheibe mit Tomatenmark bestreichen, das Salatblatt darauf legen und mit der Mortadellascheibe bedecken.
- Die zweite Knäckebrotscheibe mit dem Schmelzkäse bestreichen und mit Petersilie bestreuen.

Brötchen mit Frischkäse – süß und pikant

Für 1 Portion

1 Brötchen
2 gehäufte EL kalorienreduzierter Frischkäse mit Buttermilch (z. B. von Du darfst)
2 EL Mandarin-Orangen (Dose)
Salz
frisch gemahlener weißer Pfeffer
Paprika edelsüß
1 EL gemischte Kräuter (z. B. TK-8 Kräuter-Mischung)

- Das Brötchen waagerecht halbieren. Mandarin-Orangen klein schneiden und mit der Hälfte des Frischkäses verrühren. Eine Brötchenhälfte damit bestreichen.
- Die andere Hälfte mit dem restlichen Frischkäse bestreichen und mit den Gewürzen und Kräutern bestreuen.

Tipp

Statt der Dosenmandarinen können Sie auch eine halbe frische Mandarine verwenden.

Pilz-Eier-Brote

Für 24 Stück – z. B. für einen Brunch mit Freunden

4 Eier (Größe M)
300 g Champignons
1 EL Butter
1 EL TK-Zwiebeln
Salz
frisch gemahlener schwarzer Pfeffer
60 g Schmand
24 dünne Scheiben Stangenweißbrot (240 g)
1 kleine feste Tomate
1 EL TK-Schnittlauch
1 EL TK-Petersilie
1 TL Tomatenmark
1 Msp. Curry

Tipp

Jedes dieser Schnittchen hat 50 Kalorien, also können Sie 4 Stück davon essen. Wenn Sie etwas für einen Imbiss zwischendurch suchen, sind zwei Stück von diesen Broten ideal.

- Eier hart kochen, mit kaltem Wasser abschrecken und pellen. Die Champignons abreiben und fein hacken.
- Butter in einer beschichteten Pfanne leicht erhitzen, die Zwiebelwürfel darin glasig dünsten. Die gehackten Champignons zugeben, unter Rühren 10 Minuten dünsten, mit Salz und Pfeffer würzen.
- Eier in Eigelb und Eiweiß trennen. Das Eiweiß fein würfeln. Das Eigelb durch ein Sieb streichen, mit Schmand verrühren und mit Salz und Pfeffer würzen. Die Brotscheiben leicht rösten und mit der Schmantmasse bestreichen.
- Tomate waschen, trockentupfen, Stängelansatz entfernen, das Fruchtfleisch vierteln, dann würfeln.
- Das Eiweiß unter die Pilzmasse rühren, kräftig würzen und in drei Portionen teilen. Eine Portion mit Kräutern, die zweite mit Tomatenwürfeln und Tomatenmark und die dritte Portion mit Curry verrühren.
- Die Pilz-Kräutermasse, die Pilz-Tomatenmasse und die Pilz-Currymasse auf je 8 Scheiben verteilen.

Bunte Frühstückseier

Für 1 Portion

¼ Tablett Kresse
1 Ei (Größe S)
1 gehäufter EL mittelalter Gouda-Käse (20 g), gerieben
etwas Halbfettbutter für die Förmchen
15 g kalorienreduzierter Lachsschinken
1 Cocktailtomate

Tipp

Diese Frühstückseier sind eine feine Sache für einen sonntäglichen Brunch. Natürlich müssen Sie die Menge dann entsprechend größer wählen.

- Kresse mit einer Schere vom Tablett abschneiden, in einem Sieb abbrausen, trockenschwenken. Das Ei aufschlagen und mit Kresse und Käse verrühren.
- Ein feuerfestes Förmchen (Inhalt 200 ml) oder einen Eier-Coddler mit Halbfettbutter ausstreichen. Die Eimasse hineingeben, das Förmchen mit dem Deckel (oder mit Alufolie) dicht verschließen.
- Förmchen bis zur Hälfte in ein heißes Wasserbad stellen und darin 20 Minuten stocken lassen. Mit dem Lachsschinken und der Cocktailtomate anrichten.

Käsebrot

Für 1 Portion

1 kleine Möhre (50 g)
½ Ecke kalorienreduzierter Schmelzkäse (Salami oder Kräuter)
1 Scheibe Vollkornbrot
frisch gemahlener weißer Pfeffer
1 EL gehackte Petersilie (frisch oder TK)

- Möhre waschen, eventuell schälen, trockentupfen, fein oder grob raspeln.
- Vollkornbrotscheibe mit dem Schmelzkäse bestreichen, mit Pfeffer würzen und die Petersilie und auf dem Schmelzkäse verteilen.

Tipp

Im Frischeregal Ihres Supermarktes finden Sie eine ganze Reihe verschiedener kalorienreduzierter Wurstsorten: z. B. Cervelatwurst, Salami, gemischten Aufschnitt, aber auch Streichwurst und diverse Leberwurstsorten. Diese Sorten können Sie als Variation der Rezepte nach Geschmack einsetzen.

Roggenbrötchen mit Käse und Wurst

Für 1 Portion

1 Roggenbrötchen
½ Ecke kalorienreduzierter Schmelzkäse, Salami oder Kräuter (z. B. von Du darfst)
1 Scheibe kalorienreduzierte Salami
½ EL TK- Salatkräuter (z. B. Kräutermischung aus Petersilie, Zwiebeln, Schnittlauch und Knoblauch)
etwas Tomatenmark

- Das Roggenbrötchen waagerecht halbieren. Beide Hälften mit Schmelzkäse bestreichen.
- Eine Brötchenhälfte mit den Kräutern bestreuen. Die andere Hälfte mit der Salamischeibe belegen.

Lachsschinkenbrot mit Ei

Für 1 Portion

3 Scheiben kalorienreduzierter Lachsschinken
1 TL Crème fraîche
1 Ei (Größe M)
Schnittlauch (frisch oder TK)
gehackte Petersilie (frisch oder TK)
1 kleine Scheibe Vollkornbrot (30 g)

Tipp

Kalorienreduzierter Lachsschinken (z. B. von Du darfst) hat einen geringen Fettanteil von nur 2 % und mildes Buchenrauch-Aroma.

- Den Lachsschinken würfeln. Crème fraîche in eine beschichtete Pfanne geben, verrühren und das aufgeschlagene Ei darüber geben.
- Die Schinkenwürfel am Rand verteilen. Bei kleiner Hitze braten. Zum Anrichten mit Petersilie und Schnittlauch bestreuen. Die Vollkornbrotscheibe dazu essen.

Käsebrot mit Birne

Für 1 Portion

1 kleine Scheibe Vollkornbrot
etwas mittelscharfer oder körniger Senf
1 reife Birne
1 Scheibe kalorienreduzierter Schnittkäse (Gouda oder Tilsiter)

- Vollkornbrotscheibe mit Senf bestreichen und mit dem Schnittkäse belegen.
- Die Birne abspülen, trockentupfen, vierteln und entkernen. Birnenstücke in dünne Scheiben schneiden und auf dem Brot verteilen.

Vollkornbrot mit Cornedbeef

Für 1 Portion

1 kleine Scheibe Vollkornbrot
1 TL Salatcreme mit Joghurt (25 % Fett)
1 Salatblatt
2 Scheiben Cornedbeef
1 Cornichon

- Die Vollkornbrotscheibe mit Salatcreme bestreichen. Mit dem Salatblatt und den Cornedbeefscheiben belegen.
- Den Cornichon längs in dünne Scheiben schneiden und das Brot damit garnieren.

Quarkbrötchen

Für 1 Portion

1 Vollkornbrötchen
1 EL Magerquark
2 TL Konfitüre

- Das Brötchen waagerecht halbieren, die Hälften mit Quark bestreichen und darauf die Konfitüre verteilen.

Quarkbrot mit Apfel

Für 1 Portion

1 Scheibe Weizenvollkornbrot (45 g)
1 EL Magerquark
1 Apfel
1 Prise Zimt

- Das Brot mit Quark bestreichen. Den Apfel waschen, vierteln und entkernen.
- Den Apfel in Spalten schneiden und auf dem Brot verteilen. Mit Zimt bestäuben.

Pumpernickel mit Käse

Für 1 Portion

1 Scheibe Pumpernickel
1 Scheibe kalorienreduzierter Schnittkäse (30 g)
1 TL Halbfettbutter
Schnittlauchröllchen (frisch oder TK)

- Die Pumpernickelscheibe mit Halbfettbutter bestreichen und mit dem Käse belegen. Schnittlauchröllchen darüber streuen.

Kressebrot mit Tomate

Für 1 Portion

1 Scheibe Vollkornbrot
1 TL Halbfettbutter
1 gehäufter EL Magerquark
Streuwürze
frisch gemahlener weißer Pfeffer
1 mittelgroße Tomate
Kresse

- Vollkornbrotscheibe mit Halbfettbutter bestreichen. Magerquark darüberstreichen. Mit etwas Streuwürze und Pfeffer würzen.
- Tomate waschen, den Stengelansatz entfernen. Die Tomate in Scheiben schneiden und auf dem Quark verteilen. Mit Kresse bestreuen.

Honig- und Kräuterbrötchen

Für 1 Portion

1 Roggenbrötchen
2 TL Halbfettbutter
1 TL gehackte, gemischte Kräuter (frisch oder TK)
1 TL Honig
Salz
grob gemahlener schwarzer oder weißer Pfeffer

- Das Roggenbrötchen waagerecht halbieren und mit Halbfettbutter bestreichen.
- Auf eine Hälfte den Honig verteilen, auf die andere Hälfte die Kräuter streuen. Mit wenig Salz und grob gemahlenem Pfeffer bestreuen.

Müslis in bunter Vielfalt

Müsli Oriental

Für 1 Portion

1 kleine unbehandelte Orange
1 Feige
100 g Vollmilchjoghurt
1 TL Honig
3 gehäufte EL Kernige Haferflocken
10 g Mandelstifte
je 1 Prise Kakao und Zimt

- Die Orange heiß abwaschen, trockentupfen und die Schale abreiben. Danach die Frucht mit einem scharfen Messer schälen und filetieren. Die Orangenfilets klein schneiden. Die Feige waschen und trockentupfen. Die Frucht würfeln.
- Joghurt, Honig und Orangenschale verrühren und in einem Schälchen anrichten. Die Kernigen Haferflocken zufügen und unterrühren.
- Die Hälfte der Orangenfilets, die Feigenwürfel und Mandeln mit dem Joghurt mischen. Die restlichen Früchte auf dem Müsli verteilen. Mit Kakao und Zimt bestäuben.

Apfel-Mandarinen-Müsli

Für 1 Portion

1 Mandarine
1 kleiner Apfel
3 EL Orangensaft (Flasche oder ½ Frucht auspressen)
2 EL Müslimischung (Fertigprodukt oder selbst zusammengestellt, siehe S. 38)

- Die Mandarine pellen und die Mandarinenspalten klein schneiden. Den Apfel abspülen, trocken tupfen, achteln und entkernen. Die Achtel kleinschneiden.
- Den Orangensaft und die Früchte unter die Müslimischung heben.

Müsli selbst gemacht

Rezept für eine selbst zusammengestellte Müsli-Mischung. Dieses Müsli ist ballaststoffreich, sättigt lange und reicht für 12 Portionen à 50 g.

62,5 g Haferfleks mit Kleie
50 g Kernige Haferflocken
25 g Haferkleie Flocken
25 g Haselnüsse, gehackt
25 Sonnenblumenkerne
25 g Kurpflaumen
25 g Aprikosen, getrocknet
25 g Rosinen
10 g Pflanzenmargarine
25 g Honig
1–2 EL Zitronensaft

- Haferfleks mit Kleie, Haferflocken, Haferkleie Flocken, Haselnüsse und Sonnenblumenkerne mischen.
- Kurpflaumen und Aprikosen waschen, trockentupfen und fein schneiden, die Rosinen untermischen.
- Pflanzenmargarine, Honig und Zitronensaft unter ständigem Rühren so lange kochen, bis die Masse leicht bräunt. Mit den anderen Zutaten mischen.
- Das Müsli auskühlen lassen. Danach in eine gut schließende Dose oder ein Vorratsglas geben.

Früchte-Müsli

Für 1 Portion

1 kleine Orange
1 kleine Banane
2 EL Müsli-Mischung
2 TL Crème fraîche

- Die Orange halbieren und den Saft auspressen. Die Banane schälen, die Frucht in Scheiben schneiden.
- Die Müsli-Mischung und den Saft verrühren. Die Bananenscheiben und Crème fraîche unterheben.

Quark-Müsli

Für 1 Portion

2 EL Müsli-Mischung
3–4 EL Orangensaft (Flasche oder ½ Frucht auspressen)
2 EL Magerquark
1 TL Crème fraîche
1 Orange

- Die Müsli-Mischung, den Orangensaft, den Magerquark und die Crème fraîche verrühren.
- Die Orange filetieren, die Orangenfilets klein schneiden und mit dem Müsli mischen.

Mandarinen-Müsli

Für 1 Portion

2 EL Müsli-Mischung
1 Becher Vollmilchjoghurt (150 g)
Mandarin-Orangen (aus der Dose)

- Die Müsli-Mischung mit dem Vollmilchjoghurt verrühren. Die Mandarin-Orangen unterheben. Eventuell etwas Saft unterrühren.

Bananen-Müsli

Für 1 Portion

1 Becher Magermilchjoghurt (150 g)
1 Msp. Zimt
etwas Zitronensaft
2 Tropfen flüssiger Süßstoff
1 kleine Banane
2 EL Müsli-Mischung

- Magermilchjoghurt, Zimt, Zitronensaft und Süßstoff verrühren. Die Banane schälen und die Frucht klein schneiden. Mit den Bananenstücken unter die Magermilchjoghurtmischung rühren.

Joghurt-Apfel-Müsli

Für 1 Portion

1 Becher Magermilchjoghurt (150 g)
2 Tropfen Süßstoff
1 Msp. Zimt
2 TL Crème fraîche
1 kleiner Apfel
2 EL Müsli-Mischung

- Magermilchjoghurt, Süßstoff, Zimt und Crème fraîche miteinander verrühren. Den Apfel waschen, trockentupfen, achteln, entkernen und kleinschneiden.
- Alles miteinander verrühren und über die Müsli-Mischung geben.

Tipp

Statt des Apfels können Sie eine kleine Orange filetieren, klein schneiden und unter die Joghurtmasse heben.

Rhabarber-Müsli

Für 1 Portion

200 g Rhabarber
50 ml Wasser
Süßstoff nach Geschmack
125 g Magerquark
1 EL Himbeersirup
25 g Kernige Haferflocken
1 EL knusprige Haferfleks (z.B. von Kölln)
1 TL Rosinen (5 g)
10 g gestiftelte Mandeln

- Rhabarber putzen, waschen und in Stücke schneiden. Zusammen mit Wasser und Süßstoff 5 bis 8 Minuten dünsten und abkühlen lassen.
- Magerquark und Himbeersirup unter das Rhabarberkompott heben und leicht verrühren.
- Den Rhabarberquark in ein Schälchen füllen, kernige Haferfleks, Rosinen und Mandeln mischen, auf dem Quark verteilen.

Tipp

In der rhabarberlosen Zeit nehmen Sie Rhabarber aus dem Glas. Achten Sie darauf, dass er ungesüßt ist.

Grapefruit-Müsli

Für 1 Portion

½ Grapefruit
2 EL Müsli-Mischung
2 TL Crème fraîche
100 g Buttermilch oder Kefir
2 Tropfen flüssigen Süßstoff

- Die Grapefruit filetieren. Die Grapefruitfilets klein schneiden. Mit der Müsli-Mischung verrühren.
- Crème fraîche und Buttermilch oder Kefir mit Süßstoff verrühren und unter das Müsli heben.

Kerniges Hüttenfrühstück

Für 1 Portion

½ Becher Hüttenkäse (100 g)
1 TL Honig
½ kleiner Apfel
1 kleine Orange
1 TL Rosinen
2 EL Kernige Haferflocken
10 Cashewkerne

- Hüttenkäse und Honig verrühren. Den Apfel waschen, trockentupfen und mit einer groben Reibe auf den Hüttenkäse reiben.
- Orange filetieren, die Orangenfilets halbieren und mit den Rosinen auf dem Hüttenkäse verteilen.
- Mit den Kernigen Haferflocken und den Cashewkernen bestreuen. Cashewkerne eventuell halbieren.

Tipp

Wer mag, kann auch ein winziges Stück kleingehackten kandierten Ingwer unter das Müsli mischen.

Fruchtmüsli mit Ingwer

Für 1 Portion

2 EL Müsli-Mischung
1 Becher Vollmilchjoghurt (150 g)
1 Msp. Ingwer, gemahlen
1 kleiner Apfel (Ingrid Marie)
½ Birne

- Müsli-Mischung, Vollmilchjoghurt und Ingwer verrühren. Den Apfel und die Birne waschen, trockentupfen, achteln, entkernen und kleinschneiden.
- Fruchtstücke unter die Joghurt-Müsli-Mischung geben.

Fruchtmüsli mit Dickmilch

Für 1 Portion

2 EL Müsli-Mischung
7 EL Dickmilch
1 kleine Orange
½ Birne

- Müsli-Mischung und Dickmilch verrühren.
- Die Orange filetieren; die Orangenfilets klein schneiden. Die Birne waschen, trockentupfen, halbieren, entkernen und die Fruchtstücke kleinschneiden. Orangen- und Birnenstücke unter das Müsli heben.

Orangen-Apfel-Müsli

Für 1 Portion

1 Orange
½ Becher Magermilchjoghurt (75 g)
2 EL Müsli-Mischung
1 kleiner Apfel

- Die Orange halbieren, eine Hälfte auspressen, den Saft mit dem Joghurt verrühren. Die Müsli-Mischung unterheben.

- Den Apfel waschen, trockentupfen, vierteln, entkernen und die Fruchtstücke klein schneiden.
- Die restliche Orangenhälfte filetieren, das Fruchtfleisch würfeln. Mit den Apfelstücken unter das Müsli heben.

Frucht-Porridge

Für 1 Portion

100 ml Milch
4 EL Haferflocken
1 Prise Salz
1 EL Sonnenblumenkerne
1 kleine unbehandelte Orange

- Milch, Haferflocken, Salz, Sonnenblumenkerne und etwas abgeschälte Orangenschale in einem Topf aufkochen und bei kleiner Hitze dick werden lassen.
- Das Porridge in einen tiefen Teller geben. Die Orange auspressen und den Saft über das Porridge träufeln.

Aprikosen-Müsli

Für 1 Portion

2 Aprikosen
½ Becher Hüttenkäse (100 g)
etwas Zitronensaft
etwas abgeriebene Zitronenschale
2 EL Vier-Korn-Flocken

- Aprikosen waschen, trockentupfen, halbieren und entsteinen. Die Fruchthälften klein schneiden.
- Die Aprikosenstücke mit dem Frischkäse, dem Zitronensaft und der Zitronenschale mischen.
- Die Vier-Korn-Flocken in einer beschichteten Pfanne unter Wenden rösten und über das Müsli streuen.

Tipp

Wenn Sie Aprikosenhälften aus der Dose verwenden, achten Sie bitte darauf, dass diese nicht gezuckert sind.

Hauptgerichte zum Sattessen

Pennette-Rigate-Pfanne

Für 1 Portion

1 Aubergine (125 g)
Salz
60 g Schafskäse (40 % F. i. Tr.)
60 g Penette Rigate Express
(z. B. von Buitoni)
1 TL Olivenöl
frisch gemahlener weißer Pfeffer
4 Stiele frischer Thymian
2 mit Paprika gefüllte Oliven

- Aubergine waschen und in Scheiben schneiden. Die Scheiben vierteln, leicht mit Salz bestreuen und 10 Minuten zugedeckt ziehen lassen. Den Schafskäse würfeln.
- Die Pennette Rigate in Salzwasser geben und nach Packungsanweisung bissfest garen.
- Die Auberginenscheiben abbrausen und gut trockentupfen. Öl in einer beschichteten Pfanne erhitzen, die Auberginenscheiben darin 3 bis 4 Minuten anbraten. Schafskäse zufügen und unter Wenden kurz mitbraten. Die Nudeln auf einem Sieb abgießen, gut abtropfen lassen und zu den Auberginen geben. Das Ganze mit Pfeffer würzen.
- Thymian abbrausen, trockentupfen, die Blättchen abzupfen und hacken. Oliven in Scheiben schneiden und zusammen mit dem Thymian über die Nudelpfanne streuen.

Spaghetti mit Paprika und Kapern

Für 1 Portion

40 g Spaghetti
Salz
2 Paprikaschoten (300 g)
1 TL TK-Knoblauch
1 TL TK-Zwiebeln
frisch gemahlener weißer Pfeffer
1 TL Pflanzenöl
6 EL Gemüse-Hefebrühe
1 TL Kapern
1 EL TK-Petersilie
10 g schwarze Oliven

- Spaghetti in Salzwasser geben und nach Packungsanweisung bissfest garen.
- Paprikaschoten putzen, waschen, weiße Kerne und Trennwände entfernen. Paprika in Streifen schneiden.
- Öl erhitzen und Knoblauch und Zwiebeln darin glasig werden lassen, Paprikaschotenstreifen zufügen, kurz anbraten, mit Brühe aufgießen und mit Salz und Pfeffer würzen. Zugedeckt alles 5 Minuten dünsten.
- Kapern, Petersilie und Oliven zum Paprikagemüse geben. Spaghetti auf einem Sieb abgießen, gut abtropfen lassen und mit dem Gemüse mischen.

Spaghetti mit Kräutern

Für 1 Portion

50 g Spaghetti
Salz
1 TL Pflanzenöl
½ TL TK-Knoblauch
½ TL TK-Zwiebeln
3 EL TK-Basilikum
1 TL TK-Petersilie
1 EL Kapern
frisch gemahlener weißer Pfeffer

- Spaghetti in Salzwasser geben und nach Packungsanweisung bissfest garen.
- Öl in einer Pfanne erhitzen, Knoblauch und Zwiebeln darin glasig dünsten. 2 Esslöffel Basilikum und Petersilie, die Kapern und 3 Esslöffel Nudelkochwasser zugeben.
- Die Spaghetti auf einem Sieb abgießen, gut abtropfen lassen und mit der Kräutermischung verrühren. Mit Pfeffer würzen.
- Auf einem vorgewärmten tiefen Teller anrichten. Mit dem restlichen Basilikum bestreuen.

Spaghettipfanne mit Schinken

Für 1 Portion

40 g Spaghetti
Salz
1 mittelgroßer Chicorée
100 g kleine Champignons
1 EL TK-Zwiebeln
3 EL Zitronensaft
etwas abgeriebene Schale einer unbehandelten Zitrone
3 EL Gemüse-Hefebrühe (instant)
frisch gemahlener weißer Pfeffer
etwas Knoblauchpulver
2 Salbeiblätter
1 TL Crème fraîche
2 EL TK-Kräuter der Provence
30 g Parmaschinken

- Spaghetti in Salzwasser nach Packungsanweisung bissfest garen.
- Chicorée und Champignons putzen. Champignons vierteln oder blättrig schneiden. Chicorée längs halbieren oder vierteln und in Streifen schneiden. Champignons und Zwiebeln in einer beschichteten Pfanne ohne Fettzusatz leicht anbraten.
- Salz, Zitronensaft und -schale, Gemüsebrühe, Pfeffer, Knoblauch, in Streifen geschnittene Salbeiblätter und Chicorée zufügen und vorsichtig wenden.
- Spaghetti auf einem Sieb abgießen, gut abtropfen lassen und mit dem Gemüse mischen. Zugedeckt 2 Minuten ruhen lassen.
- Crème fraîche und Kräuter der Provence unterheben. Die Spaghettimischung in einen vorgewärmten tiefen Teller geben und mit Parmesankäse bestreuen.

Spaghetti mit Paprika-Tomaten-Püree

Für 1 Portion

50 g Spaghetti
1 Paprikaschote (100 g)
1 Tomate (40 g)
1 TL TK-Knoblauch
1 TL TK-Zwiebeln
125 ml Gemüsebrühe (instant)
frisch gemahlener weißer Pfeffer
Salz
1 Hauch Muskatnuss
1 EL Sherryessig
1 kleine Möhre
1 kleiner Zucchino (150 g)
½ TL TK- Petersilie
1 EL Kürbiskerne

- Spaghetti in Salzwasser geben und nach Packungsanweisung bissfest garen.
- Paprika und Tomate putzen, waschen, weiße Kerne und Trennwände entfernen. Die Paprika grob würfeln, die Tomate ebenfalls klein schneiden.
- Knoblauch und Zwiebeln in einem Topf in 2 Esslöffeln Brühe zugedeckt glasig dünsten. Paprika- und Tomatenwürfel zugeben und weitere 3 Minuten dünsten. Alles mit einem Pürierstab zerkleinern. Mit Salz, Pfeffer und Muskatnuss würzen und nach Belieben mit Sherryessig abschmecken.
- Die Möhre und den Zucchino waschen; von dem Zucchino Stängelansatz und Spitze abschneiden. Das Gemüse erst längs halbieren, dann in dünne Scheiben schneiden. Die restliche Gemüsebrühe erhitzen, die Gemüsescheiben darin zugedeckt 5 Minuten dünsten. Zwischendurch wenden. Nach Geschmack mit Salz, Pfeffer und Muskatnuss würzen.
- Nudeln auf einem Sieb abgießen und sehr gut abtropfen lassen. Die Nudeln mit dem Paprika-Tomaten-Püree mischen. Zucchini- und Möhrenscheiben dazu anrichten. Mit Petersilie garnieren und mit Kürbiskernen bestreuen.

TIPP

Sie können auch TK- Blattspinat verwenden. Dazu nehmen Sie dann aus der Portionierpackung einen Würfel von 112,5 g und geben ihn in die Brühe.

Spinatnudeln mit Parmaschinken

Für 1 Portion

50 g Vollkornnudeln
Salz
100 g Spinatblätter
3 EL TK-Suppengrün
1 EL TK-Knoblauch
1 EL TK-Zwiebeln
3 EL Gemüsebouillon (instant)
frisch gemahlener weißer Pfeffer
1 Msp. Muskatnuss
1 TL Parmesankäse, gerieben
30 g hauchdünn geschnittner Parmaschinken

- Vollkornnudeln in Salzwasser nach Packungsanweisung bissfest garen.
- Die Spinatblätter putzen, waschen, trockenschwenken, eventuell dicke Rippen entfernen. Die Spinatblätter in Streifen schneiden.
- Suppengrün, Knoblauch und Zwiebeln in der heißen Brühe zugedeckt 5 Minuten garen. Spinatblätter unterheben und alles mischen. Mit Salz, Pfeffer und Muskatnuss würzen.
- Nudeln abgießen und mit dem Gemüse mischen. Zum Servieren mit geriebenem Parmesankäse bestreuen.
- Den Parmaschinken in 2 Streifen längs halbieren, zu Röllchen rollen und zu den Nudeln anrichten.

Champignon-Salbei-Nudeln mit Schweinefilet

Für 1 Portion

50 g Vollkornnudeln
Salz
80 g Schweinefilet
150 g Champignons
1 kleine Lauchzwiebel
1 TL Olivenöl
1 EL TK-Knoblauch
1 EL TK-Zwiebeln
2 EL TK-Italienische Kräuter
1 TL Crème fraîche
5 EL Magermilch
2 TL Zitronensaft
etwas abgeriebene Zitronenschale
frisch gemahlener weißer Pfeffer

- Nudeln in Salzwasser nach Packungsanweisung bissfest garen.
- Das Schweinefilet waschen, trockentupfen und in feine Streifen schneiden. Die Champignons abtupfen und in Scheiben, die Lauchzwiebel in dünne Ringe schneiden.
- Olivenöl in einer Pfanne erhitzen, Knoblauch und Zwiebeln sowie die Italienischen Kräuter zugeben und 2 Minuten unter Wenden dünsten. Die Fleischstreifen zugeben und bei starker Hitze anbraten. Champignons und Lauchringe zufügen, noch 1 Minute mitbraten und alles warm stellen.
- Vom Nudelkochwasser ½ Tasse in die Pfanne geben. Crème fraîche, Milch, Zitronensaft und -schale zufügen und unter Rühren aufkochen. Mit Pfeffer würzen.
- Nudeln auf einem Sieb abgießen, gut abtropfen lassen und mit dem Gemüse mischen.

Rindersteak mit Pfeffer-Pfirsich-Nudeln

Für 1 Portion

20 g Vollkornnudeln
Salz
125 g Rindfleisch
1 TL Pflanzenöl
frisch gemahlener weißer Pfeffer
2 Pfirsichhälften, ungezuckert (Dose)
2–3 EL Wasser
½ TL grüner Pfeffer
150 g grüner Salat (z. B. Kopfsalat)
2 EL Zitronensaft
2 EL Wasser
2 Tropfen Süßstoff
2 EL TK-Schnittlauch

- Vollkornnudeln in Salzwasser geben und nach Packungsanweisung bissfest garen.
- Das Fleisch trockentupfen und in einer beschichteten Pfanne im heißen Öl von jeder Seite 3 Minuten braten, mit Salz und Pfeffer würzen. Aus der Pfanne nehmen und warm stellen.

- Die Pfirsichhälften in Spalten schneiden, mit dem Wasser in die Pfanne geben und darin erhitzen. Den grünen Pfeffer zufügen und kurz aufkochen lassen.
- Nudeln auf einem Sieb abgießen, gut abtropfen lassen und mit den Pfirsichspalten und dem grünen Pfeffer mischen.
- Den Salat putzen, abbrausen, in mundgerechte Stücke teilen. Aus Zitronensaft, Wasser, Salz, Pfeffer, Süßstoff und Schnittlauch eine Marinade rühren. Den Salat darin schwenken. Zum Steak und den Pfirsichnudeln anrichten.

Linguine mit Gemüse

Für 1 Portion

65 g Linguine (dünne Bandnudeln)
Salz
1 kleine Aubergine (120 g)
50 g Broccoli
1 TL Olivenöl
1 EL TK-Zwiebeln
1 EL Fertigsauce (z.B. Tausend & eine Sauce Basis für Tomatensauce)
frisch gemahlener weißer Pfeffer
1 TL Parmesankäse, gerieben

- Nudeln in Salzwasser nach Packungsanweisung bissfest garen.
- Aubergine waschen und in kleine Würfel schneiden. Broccoli in Röschen teilen.
- Olivenöl in einer beschichteten Pfanne erhitzen, die Zwiebeln zugeben und darin glasig werden lassen. Auberginenwürfel und Broccoliröschen zugeben und unter Wenden scharf anbraten. Die Fertigsauce zugeben, kurz umrühren und 5 Minuten köcheln lassen. Mit Salz und Pfeffer abschmecken.
- Nudeln auf einem Sieb abgießen, gut abtropfen lassen und mit der Sauce mischen. Zum Schluss den geriebenen Käse darüberstreuen.

Tomatennudeln

Für 1 Portion

20 g Vollkornnudeln
Salz
2 mittelgroße Tomaten
1 EL TK-Knoblauch
1 EL TK-Zwiebeln
2 EL Gemüse-Hefebrühe (instant)
Cayennepfeffer
½ TL Olivenöl
2 EL TK-8-Kräutermischung

- Nudeln in Salzwasser nach Packungsanweisung bissfest garen.
- Tomaten waschen, die Stängelansätze entfernen, die Tomaten in Scheiben schneiden. Mit Knoblauch und Zwiebeln in der Gemüse-Hefebrühe in einer Pfanne erhitzen.
- Nudeln auf einem Sieb abgießen, gut abtropfen und zu den Tomaten geben. Mit Salz, Cayennepfeffer, Olivenöl und den Kräutern mischen. Sofort anrichten.

Rindergeschnetzeltes mit Nudeln

Für 1 Portion

50 g Nudeln (z. B. Hörnchen oder Schleifen)
Salz
100 g Rinderfilet
1 rote Paprikaschote (80 g)
1 kleine Gewürzgurke (50 g)
1 EL Öl
2 EL Wasser
frisch gemahlener weißer Pfeffer
2 EL Schmand
1 EL TK-Petersilie

- Nudeln in Salzwasser nach Packungsanweisung bissfest garen.
- Das Rinderfilet in dünne Streifen schneiden. Die Paprikaschote waschen, trockentupfen, die weißen Kerne und die Trennwände entfernen. Die Paprikaschote und die Gewürzgurke ebenfalls in Streifen schneiden.

- Fleischstreifen im heißen Öl anbraten. Paprikaschotenstreifen und Wasser zugeben, zugedeckt 4 Minuten dünsten. Mit Pfeffer würzen, die Gewürzgurkenstreifen unterheben.
- Zum Anrichten Schmand und Petersilie über die Rindfleisch-Paprikamischung geben.
- Nudeln auf einem Sieb abgießen, gut abtropfen lassen und mit dem Rindergeschnetzelten anrichten.

Hackfleischnudeln mit Sojasprossen

Für 1 Portion

40 g Vollkornnudeln
Salz
1 Bund junge Frühlingszwiebeln
1 kleiner Zucchino
150 g Sojasprossen
1 TL TK-Koblauch
1 TL TK-Zwiebeln
1 TL Pflanzenöl
100 g Beefsteakhack
1 Msp. Chinagewürz
1 Prise Ingwer
3 TL Tomatenketchup
3 TL Sojasauce
frischer Koriander

- Vollkornnudeln in Salzwasser geben und nach Packungsanweisung bissfest garen.
- Frühlingszwiebeln, Zucchino und Sojasprossen waschen, abtropfen lassen. Frühlingszwiebeln in Ringe, Zucchino in Streifen schneiden.
- Knoblauch und Zwiebeln im heißen Öl glasig werden lassen, herausnehmen und warm stellen. Beefsteakhack in die Pfanne geben und unter Wenden krümelig anbraten. Mit Chinagewürz und Ingwer würzen. Zucchinistreifen, Frühlingszwiebelringe und Sojasprossen zugeben. Tomatenketchup und Sojasauce unterrühren.
- Nudeln auf einem Sieb abgießen, gut abtropfen lassen und mit allen Zutaten in der Pfanne mischen. In einen vorgewärmten tiefen Teller geben und mit Korianderblättchen bestreuen.

Penne auf neapolitanische Art

Für 1 Portion

50 g Penne
Salz
100 g Auberginen
½ gelbe Paprikaschote
40 g Champignons
1 TL Olivenöl
1 EL TK-Zwiebeln
frisch gemahlener weißer Pfeffer
1 EL TK-Basilikum
3 EL stückige Tomaten
30 g Mozzarella

- Penne in Salzwasser nach Packungsanweisung bissfest garen.
- Aubergine waschen, trockentupfen, längs halbieren und in Scheiben schneiden, mit Salz bestreuen und 30 Minuten zugedeckt durchziehen lassen.
- Paprikaschote putzen, waschen, die weißen Kerne und Trennwände entfernen. Paprikaschote fein würfeln. Champignons abreiben und in Scheiben schneiden.
- Öl in einer beschichteten Pfanne erhitzen, die Zwiebelwürfel darin glasig werden lassen. Paprikaschotenwürfel und Champignonscheiben zufügen, salzen und pfeffern. Die stückigen Tomaten zugeben, kurz durchrühren und bei mittlerer Hitze etwa 8 Minuten zugedeckt dünsten. Basilikum unterheben.
- Den Backofen auf 200 °C (Umluft: 180 °C, Gas: Stufe3–4) vorheizen.
- Penne auf einem Sieb abgießen und gut abtropfen lassen. Auberginenscheiben abbrausen, gut trockentupfen und eine feuerfeste Auflaufform damit auslegen. Die Nudeln und die Gemüsesauce schichtweise darüber verteilen. Den Mozzarella würfeln und über die Zutaten streuen.
- Die Form in den heißen Backofen bei 200 °C (Umluft: 180 °C, Gas: Stufe 3–4) auf der zweiten Schiene von unten setzen und 15 bis 20 Minuten backen.

Penne mit Pilzen und Kräutern

Für 1 Portion

40 g Penne
Salz
200 g Champignons
1 TL Pflanzenöl
1 TL TK-Knoblauch
1 TL TK-Zwiebeln
frisch gemahlener weißer Pfeffer
1 EL TK-Italienische Kräuter
5 EL Gemüse-Hefebrühe (instant)
1 EL geriebener Parmesankäse

- Penne in Salzwasser nach Packungsanweisung bissfest garen.
- Champignons abreiben und vierteln. Öl in einer beschichteten Pfanne erhitzen, Pilze zufügen und unter Wenden 3 bis 4 Minuten braten. Knoblauch und Zwiebeln zufügen, kurz mitbraten, salzen und pfeffern. Die Italienischen Kräuter unterrühren und mit Brühe aufgießen. 3 Minuten köcheln lassen.
- Nudeln auf einem Sieb abgießen, gut abtropfen lassen und mit dem Gemüse mischen. Mit geriebenem Käse bestreut anrichten.

Nudeln mit Hackfleischsauce

Für 1 Portion

50 g Vollkornnudeln
Salz
1 kleine Paprikaschote
1 kleiner Zucchino
1 kleine Tomate
100 g Beefsteakhack
1 TL TK-Knoblauch
1 TL TK-Zwiebeln
1 EL Gemüse-Hefebrühe (instant)
1 TL Tomatenketchup
1 TL TK-Italienische Kräuter
Cayennepfeffer
1 TL Olivenöl

- Nudeln in Salzwasser nach Packungsanweisung bissfest garen.
- Das Gemüse putzen, waschen. Paprikaschote achteln, weiße Kerne und Trennwände entfernen. Tomate vierteln, Stängelansatz entfernen.

- Die Gemüsesorten würfeln.
- Beefsteakhack in einer beschichteten Pfanne unter Wenden anbraten. Gemüse, Knoblauch und Zwiebeln, Brühe, Ketchup und Italienische Kräuter zum Hack geben. Zugedeckt bei mittlerer Hitze 5 Minuten dünsten.
- Nudeln auf einem Sieb abgießen, abtropfen lassen, in die Pfanne geben und mit der Hackfleischsauce mischen. Mit Cayennepfeffer würzen und das Öl darüber geben.

Nudeln mit Hackfleisch-Gemüse-Sauce

Für 1 Portion

50 g Vollkornnudeln
Salz
75 g Beefsteakhack
frisch gemahlener weißer Pfeffer
½ Tasse (62,5 ml) Gemüse-Hefebrühe (instant)
1 Päckchen TK-Suppengrün (40 g)
1 TL Tomatenketchup
1 EL Obst-Essig
1 Msp. Koriander
1 TL Olivenöl

- Nudeln in Salzwasser nach Packungsanweisung bissfest garen.
- Beefsteakhack in einer heißen beschichteten Pfanne krümelig anbraten. Mit Salz und Pfeffer würzen und warm stellen.
- Suppengrün in die heiße Pfanne geben und unter Wenden anbraten. Gemüse-Hefebrühe, Tomatenketchup, Essig und Koriander zugeben. Zugedeckt bei kleiner Hitze 10 Minuten dünsten.
- Nudeln auf einem Sieb abgießen, gut abtropfen lassen, mit dem Öl zum Gemüse geben und alles mischen und in einen vorgewärmten tiefen Teller geben.

Tipp

Sie können auch statt Suppengrün 1 Stange Lauch (250 g) und 1 kleinen Zucchino (150 g) verwenden.

Chinesische Nudelsuppe

Für 1 Portion

1 getrockneter chinesischer Pilz (Tongu)
40 g chinesische Nudeln
50 g Putensteak
50 g mageres Schweinefleisch
1 TL Pflanzenöl
50 g magerer gekochter Schinken
Salz
¼ l kräftige Geflügel-Brühe (Instant)
50 g Bambussprossenstreifen (Dose)
1 TL Sojasauce
¼ Tablett Kresse

TIPP

Da die chinesischen Nudeln im Paket sehr fest sind, sollten Sie ein scharfes Messer nehmen, um die im Rezept angegebene Menge mit großem Druck abzuschneiden.

- Pilz in heißem Wasser einweichen. Die Nudeln in kochendes Salzwasser geben und 2 Minuten sprudelnd kochen lassen.
- Putensteak und Schweinefleisch trockentupfen und klein würfeln.
- Öl in einer Pfanne erhitzen und das Fleisch unter Wenden rundherum anbraten. Mit 2 bis 3 Esslöffeln Wasser ablöschen und zugedeckt 5 bis 8 Minuten gar schmoren.
- Schinken in feine Streifen schneiden. Vom eingeweichten Pilz den zähen Stiel entfernen, den Hut in kleine Streifen schneiden.
- Die Nudeln auf ein Sieb geben und kurz kalt abschrecken.
- Die Brühe erhitzen und Nudeln, Bambussprossenstreifen, Pilzstücke, Sojasauce zugeben und alles 2 Minuten darin erhitzen. Die Fleisch- und Schinkenstreifen zugeben. Mit Kresse bestreut anrichten.

Geflügelleberpfanne mit Vollkornnudeln

Für 1 Portion

50 g Vollkornnudeln
Salz
100 g Geflügelleber (z. B. Hähnchen- oder Entenleber)
4–5 kleine Lauchzwiebeln
1 kleiner Apfel (60 g)
1 TL Pflanzenöl
2 EL Gemüse-Hefebrühe (instant)
3–4 kleine Salbeiblätter
2 TL Kapern
frisch gemahlener weißer Pfeffer
2 TL Crème fraîche

- Nudeln in Salzwasser nach Packungsanweisung bissfest garen.
- Geflügelleber waschen, trockentupfen und eventuell teilen. Lauchzwiebeln putzen, waschen und in Ringe schneiden. Apfel waschen, vierteln, entkernen und würfeln.
- Leber in einer beschichteten Pfanne im heißen Pflanzenöl unter Wenden anbraten. Lauchringe, Apfelwürfel und Brühe, Salbeiblätter und Kapern zufügen und zugedeckt 5 Minuten schmoren. Mit Pfeffer würzen, Crème fraîche einrühren.
- Nudeln auf einem Sieb abgießen und gut abtropfen lassen. Die Leber mit den Nudeln anrichten.

Nudeln mit Gemüse und Putenbrust

Für 1 Portion

50 g Vollkornnudeln
Salz
1 kleiner Zucchino (150 g)
3–4 kleine Lauchzwiebeln
2 mittelgroße Möhren
3 EL Gemüse-Hefebrühe (instant)
1 TL TK-Knoblauch
1 TL TK-Zwiebeln
1 EL Sonnenblumenkerne
1 TL Sonnenblumenöl
1–2 TL Zitronensaft
frisch gemahlener weißer Pfeffer
1 EL TK-Basilikum
2 hauchdünne Scheiben geräucherte Putenbrust

- Nudeln in Salzwasser nach Packungsanweisung bissfest garen.
- Gemüse waschen, von dem Zucchino die Spitze und den Stängelansatz entfernen. Möhren evtl. schälen. Zucchini und Möhren würfeln. Lauchzwiebeln waschen, abtropfen lassen und in Ringe schneiden.
- Zucchini- und Möhrenwürfel mit der Brühe 5 Minuten zugedeckt dünsten.
- Die Lauchzwiebelringe, Knoblauch und Zwiebeln zugeben und weitere 6 Minuten zugedeckt garen.

- Die Sonnenblumenkerne hacken. Nudeln auf einem Sieb abgießen und gut abtropfen lassen.
- Sonnenblumenkerne, Nudeln, Gemüse, Öl und Zitronensaft mischen. Basilikum unterheben. Mit Pfeffer abschmecken.
- Nudeln mit dem Gemüse in einen vorgewärmten tiefen Teller geben und mit den Putenbrustscheiben anrichten.

Gemüsenudeln mit Schinken

Für 1 Portion

50 g Vollkornnudeln
Salz
120 g Staudensellerie
1 Zucchino
125 ml Gemüse-Hefebrühe (instant)
1 EL Zitronensaft
½ TL TK-Italienische Kräuter
1 kleiner Chicorée
1 TL Pflanzenöl
1 TL TK-Gemischte Kräuter
frisch gemahlener schwarzer Pfeffer
2 Scheiben gekochter Schinken (à 50 g)

- Nudeln in Salzwasser nach Packungsanweisung bissfest garen.
- Staudensellerie und Zucchino waschen. Von dem Zucchino Stängelansatz und Spitze entfernen. Zucchino in Scheiben, Staudensellerie in dünne Scheiben schneiden.
- Gemüsebrühe erhitzen, Zitronensaft, Italienische Kräuter und das Gemüse zugeben und darin zugedeckt 5–8 Minuten garen.
- Chicorée putzen, waschen, längs halbieren, den bitteren Stängelansatz entfernen und in dünne Streifen schneiden. Chicoréestreifen unter das Gemüse heben.
- Nudeln auf einem Sieb abgießen, gut abtropfen lassen und mit dem Gemüse mischen. Öl, Kräuter und schwarzen Pfeffer zugeben, alles vorsichtig mischen. Den gekochten Schinken dazu anrichten.

Nudeln mit Pilz-Schinken-Sauce

Für 1 Portion

50 g Vollkornnudeln
Salz
2 dünne Scheiben gekochter Schinken (30 g)
2 Lauchzwiebeln
150 g Champignons
1 TL Mehl
100 ml Magermilch
1 Ecke kalorienreduzierter Schmelzkäse (25 g)
1 Hauch Cayennepfeffer
1 TL Olivenöl

- Vollkornnudeln in Salzwasser geben und nach Packungsanweisung bissfest garen.
- Schinken würfeln, Lauchzwiebeln abbrausen, trockenschwenken und in Ringe schneiden. Champignons abreiben und in Scheiben schneiden.
- Schinken, Zwiebeln und Champignons in einer heißen beschichteten Pfanne anbraten, mit Mehl bestäuben, mit Salz würzen. Die Milch zugießen. Den Schmelzkäse stückchenweise zugeben und darin schmelzen lassen. Bei kleiner Hitze 5 Minuten zugedeckt köcheln lassen. Hin und wieder umrühren. Mit Cayennepfeffer würzen und das Öl zugeben.
- Nudeln auf einem Sieb abgießen, gut abtropfen lassen und mit der Pilz-Schinken-Sauce in einem vorgewärmten tiefen Teller anrichten.

Variante

Statt Olivenöl können Sie einen gehäuften Esslöffel Pesto aus dem Glas (Fertigprodukt) zugeben. Noch frischer schmeckt das Gericht, wenn Sie frische grob geschnittene Basilikumblätter darüber streuen.

Tipp

Statt der Italienischen Kräuter können Sie auch Kerbel verwenden.

Nudeln mit Kräutermöhren

Für 1 Portion

30 g Vollkornnudeln
Salz
200 g Möhren
1 EL TK-Zwiebeln
1 TL Pflanzenöl
2 EL Gemüse-Hefebrühe (instant)
3 EL Schmand
1 EL Zitronensaft
3 TL Kürbiskerne
2 EL TK-Italienische Kräuter

- Vollkornnudeln in Salzwasser geben und nach Packungsanweisung bissfest garen.
- Möhren putzen, waschen, trockentupfen, schälen und längs in Streifen schneiden.
- Zwiebeln in einer beschichteten Pfanne im heißen Öl anbraten, die Möhren zugeben und bei mittlerer Hitze 8 Minuten unter Wenden zugedeckt dünsten.
- Brühe, Schmand und Zitronensaft miteinander verrühren und unter die Möhren heben.
- Nudeln auf einem Sieb abgießen, gut abtropfen lassen und mit den Möhren in der Pfanne mischen. Nudeln in einem vorgewärmten tiefen Teller anrichten, die Kürbiskerne grob hacken und mit den Italienischen Kräutern bestreuen.

Vollkornnudeln mit Zucchini-Gemüse

Für 1 Portion

50 g Vollkornnudeln
Salz
1 Zucchino (200 g)
1 EL TK-Zwiebeln
1 TL Pflanzenöl
2 EL Tomatenmark
½ Tasse (62,5 ml) Gemüsebrühe (instant)
1 TL Crème fraîche
frisch gemahlener weißer Pfeffer
2 TL grob geriebener Parmesankäse

- Vollkornnudeln in Salzwasser nach Packungsanweisung bissfest garen.
- Zucchino waschen, Stängelansatz und Spitze entfernen, den Zucchino würfeln. Zwiebeln im heißen Öl glasig werden lassen. Zucchiniwürfel zugeben. Mit Gemüsebrühe auffüllen, zugedeckt 7 bis 8 Minuten dünsten. Tomatenmark und Crème fraîche einrühren. Mit Salz und Pfeffer würzen.
- Nudeln auf einem Sieb abgießen und gut abtropfen lassen. Die Nudeln in einem vorgewärmten tiefen Teller anrichten, das Gemüse über die Nudeln geben.

Gemüsenudeln mit Rucola

Für 1 Portion

50 g Vollkornnudeln
Salz
1 Packg. TK-Suppengrün (50 g)
1 EL TK-Knoblauch
1 EL TK-Zwiebeln
etwas abgeriebene Zitronenschale
1 Tasse (125 ml) Gemüse-Hefebrühe (instant)
½ TL Olivenöl
50 g Rucola (Rauke)
frisch gemahlener weißer Pfeffer
2 EL Parmesankäse, gerieben

- Vollkornnudeln in Salzwasser nach Packungsanweisung bissfest garen.
- In der Zwischenzeit Suppengrün und Knoblauch und Zwiebeln erhitzen, 2 EL Nudelkochwasser zugießen. Zitronenschale und Brühe zugeben. Zugedeckt 8 Minuten garen. Das Öl zugeben.
- Rucola abbrausen, trockenschwenken, grob schneiden. Die Nudeln auf einem Sieb abgießen und abtropfen lassen. Die Rucolablätter mit den Nudeln mischen, leicht pfeffern und auf einem tiefen Teller anrichten. Das Gemüse darüber verteilen. Mit Parmesankäse bestreuen.

Grüne Bandnudeln mit Champignons

Für 1 Portion

50 g grüne Bandnudeln
Salz
200 g Champignons
1 EL TK-Zwiebeln
1 TL Pflanzenöl
100 ml Kondensmilch (4 % Fett)
frisch gemahlener weißer Pfeffer
1 EL TK- Italienische Kräuter

- Vollkornnudeln in Salzwasser nach Packungsanweisung bissfest garen.
- Champignons abreiben, anschließend in dünne Scheiben schneiden oder vierteln.
- Zwiebeln in einer Pfanne mit heißem Öl glasig werden lassen. Champignons zufügen und unter Wenden 3 Minuten anbraten. Kondensmilch unterrühren, alles noch 8 Minuten zugedeckt dünsten. Die Kräuter darüber streuen.
- Nudeln auf einem Sieb abgießen und gut abtropfen lassen. Die Nudeln auf einem vorgewärmten Teller anrichten, die Champignons darüber geben.

Vollkornnudeln mit Trüffel

Für 1 Portion

40 g Vollkornnudeln
Salz
1 TL TK-Zwiebeln
1 TL Pflanzenöl
1 EL Crème fraîche
Trüffel nach Geschmack (frisch oder aus der Dose)
frisch gemahlener weißer Pfeffer

- Vollkornnudeln in Salzwasser geben und nach Packungsanweisung bissfest garen.
- Zwiebeln im heißen Öl glasig werden lassen. Crème fraîche zugeben. Mit Salz und Pfeffer würzen.

- Nudeln auf einem Sieb abgießen, gut abtropfen lassen, in die Pfanne geben und darin schwenken.
- Nudeln in einem vorgewärmten tiefen Teller anrichten, Trüffel in dünne Scheiben hobeln und über die Nudeln geben.

Nudeln mit Basilikum-Tomatensauce

Für 1 Portion

50 g Vollkornnudeln
Salz
1 sehr kleiner Zucchino (ca.50 g)
2 EL TK-Zwiebeln mit Knoblauch
5 EL stückige Tomaten (aus Packg. oder Dose)
1 TL Tomatenketchup
1 Tasse (125 ml) Gemüse-Hefebrühe
frisch gemahlener weißer Pfeffer
½ TL TK-Basilikum
75 g Beefsteakhack
1 TL Olivenöl

- Die Nudeln in Salzwasser nach Packungsanweisung bissfest garen.
- Den Zucchino putzen, waschen und im Ganzen 5 Minuten vor Ende der Garzeit mit den Nudeln mitgaren.
- Inzwischen Zwiebeln mit Knoblauch, Tomatenstücke, Hefebrühe, Tomatenketchup, Pfeffer und Basilikum in einen Topf geben und ohne Deckel etwa 6 bis 7 Minuten köcheln lassen.
- Eine Pfanne erhitzen, das Hackfleisch ohne Fett unter Wenden darin krümelig braten. Die Tomatensauce zufügen.
- Die Nudeln abgießen, gut abtropfen lassen, mit dem Pflanzenöl mischen und mit der Hackfleischsauce im vorgewärmten tiefen Teller anrichten.
- Den gegarten Zucchino würfeln und über die Nudeln streuen.

Nudeln mit Zuckerschoten

Für 1 Portion

40 g Nudeln
Salz
250 g grüner Spargel
75 g Zuckerschoten
1 Tropfen Zitronensaft
6 EL Gemüse-Hefebrühe (instant)
frisch gemahlener weißer Pfeffer
1 EL TK-Petersilie

- Nudeln in Salzwasser nach Packungsanweisung bissfest garen.
- Spargel waschen, Enden abschneiden, bei Bedarf im unteren Drittel schälen. Zuckerschoten putzen, waschen. Spargel in gesalzenem Wasser etwa 7 bis 8 Minuten garen, Zuckerschoten zugeben und 3 bis 4 Minuten mitgaren.
- Nudeln auf einem Sieb abgießen und gut abtropfen lassen. Das Gemüse ebenfalls abgießen. Gemüse-Hefebrühe, Zitronensaft und Pfeffer verrühren und mit dem Gemüse und den Nudeln mischen. Die Petersilie unterheben.
- Nudeln mit dem Gemüse auf einem vorgewärmten Teller anrichten.

Nudeln mit Paprika und Fenchel

Für 1 Portion

50 g Vollkornnudeln
Salz
1 kleine Fenchelknolle (50 g)
½ kleine rote Paprikaschote
½ Tasse (62,5 ml) Gemüse-Hefebrühe (instant)
1 EL Zitronensaft
frisch gemahlener weißer Pfeffer
75 g Rinderfilet
1 TL Pflanzenöl
1 TL Kapern (aus dem Glas)
1 TL TK-Basilikum
1 Portion gemischter grüner Salat (ca. 120 g)
1 TL Parmesankäse, gerieben

- Spaghetti in Salzwasser nach Packungsanweisung bissfest garen.
- Fenchelknolle und Paprikaschote putzen und waschen; Fenchel halbieren und in dünne Streifen schneiden. Paprikaschote von weißen Kernen und Trennwänden befreien, anschließend in kleine Würfel schneiden.
- Gemüse-Hefebrühe mit Zitronensaft und Pfeffer würzen. Die Fenchelstreifen darin zugedeckt 5 bis 6 Minuten bissfest dünsten, die Paprikaschotenwürfel zufügen und weitere 4 Minuten garen.

Tipp

Anstelle von Rinderfilet passt auch Hähnchen- oder Putenfilet sehr gut zu den Paprika-Fenchel-Nudeln.

- Nudeln auf einem Sieb abgießen und gut abtropfen lassen.
- Rinderfilet in dünne Scheiben schneiden und mit den Nudeln, Öl, Kapern und Basilikum zum Gemüse geben, vorsichtig wenden.
- Salat putzen, abbrausen, trocken schwenken und in mundgerechte Stücke teilen. Auf einen vorgewärmten tiefen Teller legen, die Gemüsenudeln darüber geben und mit Parmesankäse bestreuen.

Vollkorn-Makkaroni mit Sojasprossen und Tiefseekrabben

Für 1 Portion

30 g Vollkorn-Makkaroni
Salz
170 g Sojasprossen
½ gelbe Paprikaschote (60 g)
1 TL Sojasauce
2 TL Tomatenketchup
1 Prise Knoblauchpulver
1–2 Tabletten Süßstoff
1 TL Zitronensaft
ein Hauch Cayennepfeffer
200 g Tiefseekrabbenfleisch

- Vollkorn-Makkaroni in Salzwasser nach Packungsanweisung bissfest garen.
- Sojasprossen kalt abbrausen. Paprikaschote von den weißen Kernen und Trennwänden befreien, würfeln und mit den Sojasprossen zu den Nudeln geben, 2 bis 3 Minuten mitgaren.
- 4 EL Nudelkochwasser mit Sojasauce, Tomatenketchup, Knoblauchpulver, Süßstoff, Zitronensaft und Cayennepfeffer erhitzen, Krabbenfleisch zugeben, kurz erhitzen.
- Gemüse und Makkaroni auf einem Sieb abgießen, gut abtropfen lassen, mit der Sauce mischen und auf einem vorgewärmten Teller anrichten.

TIPP

Statt Ingwerpulver können Sie auch 1 Stück frischen Ingwer oder 1 kleine eingelegte Ingwerknolle zufügen.

Nudelpfanne mit Sojasprossen

Für 1 Portion

40 g Vollkornnudeln
Salz
1 Scheibe gekochter Schinken
4 junge Frühlingszwiebeln
1 Scheibe Ananas (Dose)
1 TL TK-Knoblauch
4 EL Gemüse-Hefebrühe (instant)
3 EL Sojasauce
1 Msp. Chilipaste
1 Msp. Ingwerpulver
100 g Sojasprossen
1 TL Pflanzenöl
½ Bund frischer Koriander

- Nudeln in Salzwasser nach Packungsanweisung bissfest garen.
- Vom gekochten Schinken den Fettrand entfernen. Den Schinken in dünne Streifen schneiden.
- Frühlingszwiebeln abbrausen, trocken schwenken und in dünne Ringe schneiden. Ananasscheibe in kleine Stücke schneiden.
- Knoblauch und Frühlingszwiebeln in einer beschichteten Pfanne ohne Fett unter Wenden anbraten. Gemüse-Hefebrühe, Sojasauce, Chilipaste und Ingwerpulver zugeben und einmal aufkochen.
- Vollkornnudeln auf einem Sieb abgießen, gut abtropfen lassen. Nudeln, Ananasstücke, Sojasprossen und Öl unter das Gemüse heben und 5 Minuten erhitzen.
- Koriander abbrausen, die Blättchen von den Stielen zupfen und grob schneiden. Vor dem Servieren über die Nudeln streuen.

Penne mit Thunfischsauce

Für 1 Portion

50 g Penne
Salz
1 TL TK-Knoblauch
1 TL TK-Zwiebeln
1 Msp. Sardellenpaste
1 TL Olivenöl
100 g Beefsteakhack
1 TL Kapern

25 ml trockener Weißwein
180 g stückige Tomaten (Packg. oder Dose)
frisch gemahlener weißer Pfeffer
45 g Thunfisch im eigenen Saft (Dose)
1 EL TK-Petersilie

- Nudeln in Salzwasser nach Packungsanweisung bissfest garen.
- Knoblauch, Zwiebeln und Sardellenpaste zugeben und in einer beschichteten Pfanne im Olivenöl unter Rühren anbraten. Herausnehmen und das Beefsteakhack in die Pfanne geben. Unter Rühren krümelig anbraten, die Knoblauchmischung, Kapern und Weißwein zugeben. Kurz aufkochen lassen.
- Die stückigen Tomaten und den abgetropften, zerpflückten Thunfisch zufügen. Mit Pfeffer würzen und die Petersilie unterheben.
- Penne auf einem Sieb abgießen, gut abtropfen lassen und mit der Thunfischsauce anrichten.

Nudeln mit buntem Gemüse und Fisch

Für 1 Portion

50 g Vollkornnudeln
⅛ l Gemüse-Hefebrühe (instant)
1 TL Fenchelsamen
1 Msp. Paprika edelsüß
5 EL TK-Suppengemüse
125 g Seelachs- oder Rotbarschfilet
Salz
etwas Zitronensaft
2 EL TK-Gemischte Kräuter (z. B. 8-Kräuter-Mischung)
1 TL Pflanzenöl
frisch gemahlener weißer Pfeffer

- Spaghetti in Salzwasser nach Packungsanweisung bissfest garen.
- Gemüse-Hefebrühe, Fenchelsamen und Paprika in einem Topf aufkochen. Das Suppengemüse darin 8 Minuten köcheln lassen. Die Brühe durch ein feines Sieb seihen.

- Fischfilet trockentupfen, mit Zitronensaft und Salz würzen und grob würfeln. Fischwürfel zum Gemüse geben und darin 4 bis 5 Minuten ziehen lassen. Gemischte Kräuter und Öl zufügen. Mit Salz und Pfeffer würzen.
- Nudeln auf einem Sieb abgießen und gut abtropfen lassen und mit dem Fisch vermischt anrichten.

Nudeln mit Spargel und Lachs

Für 1 Portion

50 g Nudeln (z.B. Spiralen)
Salz
200 g weißer und grüner Spargel
3–4 EL Kondensmilch (4 % Fett)
50 g Räucherlachs
frisch gemahlener weißer Pfeffer
½ Ecke (15,6 g) kalorienreduzierter Schmelzkäse
1 TL TK-Dill

- Nudeln in Salzwasser nach Packungsanweisung bissfest garen.
- Spargel waschen, weißen Spargel schälen, vom grünen Spargel das untere Ende abschneiden, dann beide Sorten in Stücke schneiden. Spargel in leicht gesalzenem Wasser 5 bis 10 Minuten garen. Herausnehmen, warm stellen.
- Kondensmilch und Schmelzkäse unter ständigem Rühren erhitzen, bis die Masse geschmeidig wird. Räucherlachs in Streifen schneiden und in die Sauce geben, mit Pfeffer würzen.
- Nudeln auf einem Sieb abgießen, gut abtropfen lassen. Anschließend mit der Sauce mischen und mit dem Spargel auf einem vorgewärmtem Teller anrichten. Mit Dill bestreuen.

Tipp

Wenn Sie es etwas knackiger lieben, können Sie statt Gurken auch Zucchini verwenden.

Nudeln mit Lachs und Gurke

Für 1 Portion

50 g Vollkornnudeln (z. B. kleine Muscheln)
Salz
200 g Salatgurke
1 Möhre
1 kleine Zwiebel
etwas Cayennepfeffer
1 EL Zitronensaft
60 g Lachs (evtl. Lachsreste)
1 TL TK-Dill
1 TL TK-Petersilie
1 TL Pflanzenöl

- Nudeln in Salzwasser nach Packungsanweisung bissfest garen.
- Salatgurke und Möhre waschen und trockentupfen. Beide Gemüse würfeln, die Zwiebel schälen und sehr fein schneiden.
- Möhren- und Zwiebelwürfel in einer beschichteten Pfanne ohne Fett unter Wenden anbraten, mit Salz und Cayennepfeffer würzen und zugedeckt 8 Minuten dünsten. Gurkenwürfel zugeben und weitere 3 Minuten garen. Zitronensaft darüber geben.
- Nudeln auf einem Sieb abgießen und gut abtropfen lassen. Den Lachs in dünne Streifen schneiden. Mit den Kräutern unter das Gemüse geben. Die Nudeln mit dem Öl unter das Gemüse heben.

Spaghettini mit Garnelenschwänzen

Für 1 Portion

65 g Spaghettini
Salz
3 rohe Garnelenschwänze
1 Möhre
1 TL TK-Knoblauch
1 TL TK-Zwiebeln
1 TL Olivenöl
½ TL Sesamsamen
50 g Sahne Käse (z. B. von Milkana)
50 ml Gemüsebrühe (Instant)
1 Msp. Curry
2 EL Schlagsahne
frisch gemahlener weißer Pfeffer
einige frische Basilikumblättchen
1 Zitronenscheibe

- Nudeln in Salzwasser nach Packungsanweisung bissfest garen. 3 Minuten vor Ende der Garzeit die Garnelenschwänze zugeben und mit den Nudeln garen.
- Möhre waschen, trockentupfen, schälen und in dünne Scheiben schneiden. Knoblauch und Zwiebeln im heißen Olivenöl glasig werden lassen. Möhrenscheiben zufügen und scharf anbraten, Sesam samen darüber streuen und mit Brühe ablöschen. Den Käse zugeben und darin verrühren. Alles mit Curry, Salz und Pfeffer würzen. Sahne unter die Käsesauce geben.
- Die Nudeln auf einem Sieb abgießen und gut abtropfen lassen. Die Garnelenschwänze herausnehmen und aus der Schale lösen.
- Die Nudeln mit der Sauce vermischen, auf einen vorgewärmten tiefen Teller geben und die Garnelenschwänze darauf legen. Mit Basilikum und Zitronenscheibe garnieren.

Trofiette nach römischer Art

Für 2 Portionen

10 getrocknete Steinpilze
100 g Zucchini
1 EL Olivenöl
25 g luftgetrockneter Schinken (z. B. Bündner Fleisch)
1 EL TK-Zwiebeln
3 EL stückige Tomaten (Packg. oder Dose)
frisch gemahlener Pfeffer schwarz
50 ml Klare Hühner-Bouillon (instant)
1 Packg. frische Trofiette (z. B. von Buitoni)
2–3 Blätter Radicchio
30 g Parmesankäse oder Pecorino, gerieben

- Steinpilze in lauwarmem Wasser etwa 15 Minuten einweichen.
- Zucchini waschen, längs halbieren und in Scheiben schneiden. Schinken klein würfeln und in einer beschichteten Pfanne mit dem Olivenöl anbraten. Herausnehmen und warm stellen.
- Eingeweichte Pilze ausdrücken und mit den Zwiebelwürfeln in die Pfanne geben und anbraten. Die stückigen Tomaten und Zucchinischeiben zufügen, wenig salzen und pfeffern und unter Wenden 4 Minuten dünsten.
- Mit Hühner-Bouillon aufgießen, kurz aufkochen lassen. Alles 10 Minuten bei kleiner Hitze köcheln lassen.
- Trofiette in Salzwasser nach Packungsanweisung garen.
- Radicchioblätter abbrausen, trockentupfen und in feine Streifen schneiden.
- Nudeln auf einem Sieb abgießen, gut abtropfen lassen und mit der Sauce mischen. Radicchiostreifen darauf verteilen und mit dem Käse bestreuen.

Nudelauflauf mit Tomaten

Für 1 Portion

100 g schmale Bandnudeln
etwas Margarine für die Form
25 g Edamer Käse, gerieben
½ Dose Tomatencremesuppe (z. B. von Unox)
2 EL TK Basilikum

- Nudeln in Salzwasser nach Packungsanweisung bissfest garen, auf einem Sieb abgießen und gut abtropfen lassen.
- Eine feuerfeste Form einfetten. Nudeln einfüllen, die Tomatencremesuppe darüber verteilen. Den geriebenen Käse obenauf streuen.
- Auflauf im heißen Backofen bei 200 °C (Umluft: 180 °C, Gas: Stufe 3–4) auf mittlerer Schiene 8 bis 10 Minuten überbacken. Mit Basilikum bestreut anrichten.

Scharfe Hühnersuppe mit Glasnudeln

Für 1 Portion

60 g Hähnchenbrustfilet
Knoblauchpulver
1 Msp. Ingwerpulver
1 Teelöffelspitze Speisestärke
100 g Asienfond (aus dem Glas)
50 ml Wasser
75 g TK-Chinesisches Pfannengemüse
10 g Reis- oder Glasnudeln
Sambal Oelek nach Geschmack

- Das Hähnchenfleisch kalt abspülen, trockentupfen und in Streifen schneiden.
- Sojasauce, Knoblauch- und Ingwerpulver und Speisestärke miteinander verrühren. Die Fleischstreifen zugeben, gut mischen und 10 Minuten darin ziehen lassen
- Asienfond mit dem Wasser aufkochen. Das Pfannengemüse unaufgetaut in die kochende Flüssigkeit geben und einmal aufkochen lassen.

- Das Hähnchenfleisch zugeben und weitere 3 Minuten ziehen lassen.
- Die Nudeln in eine Schüssel geben und mit kochendem Wasser übergießen. 3 Minuten ziehen lassen. In ein Sieb geben und gut abtropfen lassen. Die Nudeln in 3 cm lange Stücke schneiden und in die Suppe geben. Mit Sambal Oelek scharf würzen.

Nudel-Omeletts

Für 4 Portionen

200 g weiße und grüne Makkaroni
Salz
4 kleine Tomaten
50 g kalorienreduzierte Salami
50 g kalorienreduzierter Gouda-Käse (z. B. von Du darfst)
4 TL Halbfettbutter
4 Eier (Größe M)
8 EL Sahne (mind. 10 % Fett)
frisch gemahlener weißer Pfeffer
etwas frischer Majoran

- Nudeln in Salzwasser geben und nach Packungsanweisung bissfest garen.
- Tomaten waschen, die Stängelansätze entfernen. Die Tomaten in dünne Scheiben schneiden. Salami und Gouda-Käse in dünne Streifen schneiden und mischen.
- Nudeln auf einem Sieb abgießen und gut abtropfen lassen.
- Halbfettbutter in einer beschichteten Pfanne zerlassen.
- Eier, etwas Wasser und Sahne verrühren. Mit Salz und Pfeffer würzen. Ein Viertel der Nudel-Wurst-Käsemasse in die Pfanne geben und unter Wenden erhitzen. Ein Viertel der Eimasse zugeben, die Tomatenscheiben darauf verteilen und zugedeckt bei milder Hitze 3 bis 5 Minuten garen. Den Rand lösen, mit einem Pfannenheber die Nudelpizza auf einen Teller gleiten lassen und warm stellen. Die übrigen Pizzen ebenso zubereiten.
- Zum Servieren mit Majoranblättchen bestreuen.

Tipp

Pro Portion dürfen Sie dazu noch einen grünen Salat mit einer kalorienarmen Joghurt-Sauce, ohne Öl zubereitet, servieren.

Ideen für den schnellen Imbiss

K

Käse-Gemüse-Suppe

Für 1 Portion

100 g Kartoffeln
150 g Möhren
1 EL TK-Zwiebeln
500 ml Gemüsebrühe (Instant)
1 EL TK-Schnittlauch
75 g Schmelzkäsezubereitung, Tomate-Paprika, kalorienreduziert (11 % Fett)
Salz
frisch gemahlener weißer Pfeffer

- Kartoffeln und Möhren sorgfältig waschen, schälen und in kleine Würfel schneiden.
- Zwiebelwürfel mit 2 EL Wasser unter Rühren glasig werden lassen, die Kartoffel- und Möhrenstücke zufügen, 2 Minuten unter Wenden ebenfalls glasig dünsten; danach mit Gemüsebrühe aufgießen und 8 bis 10 Minuten zugedeckt kochen lassen.
- Einen Esslöffel Kartoffel- und Gemüsewürfel aus dem Topf nehmen und beiseite stellen. Restliches Gemüse in der Brühe mit dem Pürierstab zerkleinern.
- Schmelzkäse in die Suppe rühren, Kartoffel- und Gemüsewürfel zufügen und noch 2 Minuten köcheln lassen.
- Die Suppe im vorgewärmten Teller anrichten, Salz und Pfeffer zugeben, mit Schnittlauch bestreuen und sofort servieren.

Tortiglioni in Fleischtomate

Für 1 Portion

25 g Tortiglioni
Salz
1 Fleischtomate (120 g)
50 ml Gemüsebrühe
125 g Mozzarella-Käse
1 TL TK-Knoblauch
1 TL TK-Zwiebeln
1 EL TK-Basilikum
1 TL Olivenöl
frisch gemahlener weißer Pfeffer
1 TL Zitronensaft
Basilikum zum Garnieren

- Tortiglioni in Salzwasser nach Packungsanweisung bissfest garen.
- In der Zwischenzeit die Tomate waschen, einen Deckel abschneiden, die Tomate aushöhlen und das Tomatenfleisch mit einer Gabel zerdrücken und die Brühe dazugeben.
- Mozzarella-Käse fein würfeln. Den Backofen vorheizen auf 200 °C (Umluft: 180 °C, Gas: Stufe 3–4).
- Nudeln auf einem Sieb abgießen, gut abtropfen lassen und mit Knoblauch, Zwiebeln, Basilikum, Käse und Olivenöl vermischen. Mit Salz, Pfeffer und Zitronensaft würzen und in die Tomate füllen.
- Tomate in eine feuerfeste Form setzen, mit der Tomatenbrühe angießen. Die Form in den heißen Backofen, zweite Schiene von unten, setzen und 15 bis 20 Minuten backen.
- Zum Servieren mit frischen Basilikumblättern garnieren.

Bandnudeln mit Knoblauchsauce

Für 1 Portion

30 g Bandnudeln
Salz
1 kleine Möhre (50 g)
1 kleiner Zucchino (50 g)
1 EL TK-Knoblauch
1 EL TK-Zwiebeln
1 EL Joghurt-Brotaufstrich (z. B. Brunch)
50 ml Gemüse-Hefebrühe (instant)
frisch gemahlener weißer Pfeffer
1 EL TK-Basilikum

- Bandnudeln in Salzwasser geben und nach Packungsanweisung bissfest garen.
- Möhre und Zucchino waschen. Von dem Zucchino Spitze und Stängelansatz entfernen. Mit dem Sparschäler den Zucchino längs in Scheiben schneiden. Ebenso die Möhren quer in Scheiben schneiden. Beide Gemüsesorten 5 Minuten vor Ende der Garzeit der Nudeln in das Kochwasser geben.
- Knoblauch und Zwiebeln mit 2 EL Wasser in einer beschichteten Pfanne zugedeckt dünsten. Mit Brühe aufgießen. Brunch zufügen und so lange rühren bis alles geschmolzen ist. Die Sauce mit Pfeffer abschmecken. Basilikum unterheben.
- Nudeln und Gemüse auf einem Sieb abgießen und abtropfen lassen. Die Sauce über den Nudeln anrichten.

Tipp

Brunch ist ein milder, streichzarter Brotaufstrich, hergestellt aus frischem Rahm, mit Joghurt und Frischkäse verfeinert. Brunch gibt es in folgenden Varianten:

- mit Kräutern
- mit Paprika-Peperoni
- mit Gurke-Dill-Knoblauch.

Nudelpfannkuchen

Für 1 Portion

25 g Spätzle
Salz
1 mittelgroße Tomate
1 Ei (Größe M)
4 EL kaltes Wasser
1 Packg. TK-8-Kräutermischung
frisch gemahlener schwarzer Pfeffer
1 TL Halbfettbutter
10 g Käseraspel, kalorienreduziert

- Spätzle in Salzwasser nach Packungsanweisung garen.
- Tomate kreuzweise einritzen, mit kochendem Wasser übergießen, kurz ziehen lassen, kalt abschrecken und die Tomate häuten. Den Stängelansatz entfernen. Die Tomate achteln, in Streifen schneiden und mit Pfeffer würzen.
- Spätzle auf einem Sieb abgießen, gut abtropfen lassen.
- Ei und Wasser verrühren. Die Kräuter unterheben und das Ganze mit Pfeffer würzen.
- Halbfettbutter in einer beschichteten Pfanne erhitzen, die Eimasse hineingeben, die Spätzle in der Eimasse verteilen, die Tomatenstreifen darauf geben. Die Käseraspel darüber streuen. Den Nudelpfannkuchen mit einem Deckel abdecken und die Eimasse etwa 4 Minuten stocken lassen.

Nudelpfanne mit Tiefseegarnelen

Für 1 Portion

30 g Röhrchennudeln
Salz
½ rote Paprikaschote
20 g Zuckerschoten
1 TL Pflanzenöl
1 TL TK-Knoblauch
1 TL TK-Zwiebeln
frisch gemahlener schwarzer Pfeffer
1 Msp. Curry
1 kräftige Msp. Chilipaste
30 g Tiefseegarnelenfleisch
3 Stiele Koriander

- Röhrchennudeln in Salzwasser nach Packungsanweisung bissfest garen.
- Paprikaschote putzen, waschen, die weißen Kerne und Trennwände entfernen. Die Paprika in dünne Streifen schneiden. Die Zuckerschoten waschen, trockentupfen und schräg in dünne Streifen schneiden.

- Knoblauch und Zwiebeln in einer beschichteten Pfanne im heißen Öl glasig werden lassen, die Paprikaschotenstreifen zugeben, mit Salz, Pfeffer, Curry und Chilipaste würzen. Alles zugedeckt 5 Minuten dünsten, Zuckerschoten zugeben und noch 2 Minuten dünsten.
- Nudeln auf einem Sieb abgießen, gut abtropfen lassen und unter das Gemüse heben. Das Garnelenfleisch unterheben.
- Koriander abbrausen, trocken schütteln, die Blätter von den Stielen zupfen und über die Nudel-Pfanne streuen.

Gnocchi-Salat mit Shrimps

Für 1 Portion

50 g Zuckerschoten
30 g Gnocchi (z. B. von Buitoni)
Salz
1 EL Ananasstücke (Dose)
2–3 EL Magermilch
2 EL Joghurt-Salat-Creme (25 % Fett)
1 Msp. Chilipaste
1 Teelöffelspitze Curry
30 g Tiefseekrabbenfleisch

- Zuckerschoten waschen, Stielansätze abschneiden. Größere Schoten klein schneiden, kleinere ganz lassen.
- Gnocchi in Salzwasser nach Packungsanweisung garen. In den letzten beiden Minuten die Zuckerschoten zu den Gnocchi geben.
- Ananasstücke eventuell noch etwas kleiner schneiden. Joghurt-Salat-Creme, Magermilch, Chilipaste und Curry verrühren.
- Gnocchi und Zuckerschoten auf einem Sieb abgießen, kurz mit kaltem Wasser abschrecken, gut abtropfen lassen.
- Gnocchi, Zuckerschoten, Ananasstücke und Tiefseekrabbenfleisch in einer Schüssel mischen und die Salatcreme unterheben.

Rucola-Cremesuppe

Für 1 Portion

½ Bund (50 g) Rucola (Rauke)
½ TL Halbfettbutter
1 EL TK-Zwiebeln
100 g Frischkäse mit Kräutern, kalorienreduziert
180 ml Gemüse-Bouillon (Instant)
1 Spritzer Zitronensaft
1 Prise Salz
frisch gemahlener weißer Pfeffer
20 g Salami, kalorienreduziert

- Rucola putzen, abbrausen, trockenschwenken und in Streifen schneiden.
- Halbfettbutter in einer tiefen, beschichteten Pfanne zerlassen, die

Zwiebeln darin glasig werden lassen. Rucola, bis auf einige Blättchen, zufügen und andünsten. Den Frischkäse zufügen und unter Rühren schmelzen lassen. Mit Gemüse-Bouillon aufgießen und 4 Minuten köcheln lassen.

- Mit dem Pürierstab zerkleinern und mit Zitronensaft, Salz und Pfeffer abschmecken.
- Salami in feine Streifen schneiden und in einer beschichteten Pfanne ohne Fett anbraten, herausnehmen und mit den restlichen Rucolablättchen auf der Suppe anrichten.

Geflügel-Nudel-Suppe

Für 1 Portion

75 g Hähnchenbrustfilet
500 ml Wasser
Salz
2 weiße Pfefferkörner
1 kleines Stück Lorbeerblatt
1 Wacholderbeere
1 EL TK-Suppengrün
50 g Broccoli
20 g Nudeln (z.B. Korkenzieher)
2 EL Gemüsemais (Dose)
frisch gemahlener weißer Pfeffer
1 EL TK-Petersilie

- Hähnchenbrustfilet waschen und trockentupfen. Das leicht gesalzene Wasser mit den Gewürzen aufkochen, Suppengrün zugeben, das Hähnchenbrustfilet zufügen und in10 Minuten garziehen lassen.
- Hähnchenbrustfilet herausnehmen, würfeln und warm stellen. Die Brühe durch ein Sieb gießen. Broccoli putzen, waschen und in Röschen teilen. Die Brühe erhitzen und die Broccoliröschen in der Brühe 5 Minuten garen.
- Nudeln nach Packungsanweisung bissfest garen, auf einem Sieb abgießen und gut abtropfen lassen. Die Nudeln mit dem Mais und dem Hähnchenfleisch in die Brühe geben. Mit Pfeffer würzen. Petersilie unterheben und sofort anrichten.

Penne-Salat

Für 1 Portion

30 g Penne
Salz
20 g Schafskäse (40 % Fett)
5 kleine schwarze Oliven, entsteint
½ kleine rote Paprikaschote
½ kleine gelbe Paprikaschote
50 g Salatgurke
2-3 EL Magermilch
2 EL Joghurt-Salat-Crème
(25 % Fett)
1 TL TK-Petersilie
Knoblauchpulver
1 Msp. Kreuzkümmel, gemahlen
1 TL Zitronensaft
frisch gemahlener weißer Pfeffer

- Penne in Salzwasser nach Packungsanweisung bissfest garen.
- Schafskäse zerbröckeln, Paprika waschen, trockentupfen, weiße Trennwände und Kerne entfernen. Paprikaschoten fein würfeln. Salatgurke waschen, längs halbieren, Kerne entfernen und das Fruchtfleisch ebenfalls würfeln.

- Joghurt-Salat-Creme, Milch, Gewürze, Zitronensaft und Petersilie verrühren. Mit Salz und Pfeffer würzen.
- Penne auf einem Sieb abgießen, kalt abschrecken und gut abtropfen lassen.
- Die Nudeln mit den Oliven, den Paprika- und Gurkenwürfeln und der Joghurt-Salat-Creme mischen. 10 Minuten ziehen lassen und eventuell noch einmal abschmecken.

Nudelsalat mit Radieschen und Zucchini

Für 1 Portion

30 g Vollkornnudeln
Salz
2 EL TK-Zwiebeln
½ Tasse Wasser (62,5 ml)
2 EL Gemüse-Hefebrühe
frisch gemahlener weißer Pfeffer
1 Schuss Essig
1 kleiner Zucchino (ca.140 g)
1 EL stückige Tomaten (Packg. oder Dose)
2 TL Joghurt-Salat-Creme (25 % Fett)
6 Radieschen

- Nudeln in Salzwasser geben und nach Packungsanweisung bissfest garen.
- Zucchino waschen, Stängelansatz und Spitze entfernen. Zucchino in Scheiben oder Streifen schneiden.
- Zwiebelwürfel, Wasser, Brühe, Pfeffer und Essig aufkochen. Zucchinischeiben und stückige Tomaten zugeben. Alles 8 Minuten ohne Deckel garen, sodass die Flüssigkeit verdampfen kann.
- Nudeln auf einem Sieb abgießen, kalt abschrecken, gut abtropfen und abkühlen lassen. Die Gemüsesauce über die Nudeln geben. Zum Servieren die Salatcreme unter die Gemüse-Nudeln heben.
- Radieschen waschen und in dünne Scheiben schneiden. Über den Nudelsalat geben und vorsichtig unterheben.

Nudel-Tomatencremesuppe

Für 1 Portion

20 g Suppennudeln
Salz
1 Apfel (60 g)
1 EL TK-Zwiebeln
1 TL Olivenöl
3 EL trockener Weißwein
50 ml Gemüse-Hefebrühe (instant)
4 EL stückige Tomaten (Packg. oder Dose)
1 TL TK-Italienische Kräuter
1 EL Joghurt-Brotaufstrich (z. B. Brunch)
frisch gemahlener weißer Pfeffer
Tabascosauce

- Bandnudeln in Salzwasser nach Packungsanweisung bissfest garen.
- Apfel schälen, vierteln, entkernen; die Apfelviertel würfeln und mit den Zwiebeln im heißen Öl in einer beschichteten Pfanne andünsten. Weißwein und Brühe angießen, aufkochen und 15 Minuten bei kleiner Hitze garen.
- Stückige Tomaten und Italienische Kräuter in die Suppe geben, weitere 5 Minuten köcheln lassen. Mit dem Pürierstab zerkleinern. Brunch in die Suppe geben, rühren bis alles geschmolzen ist.
- Die Nudeln auf einem Sieb abgießen, gut abtropfen lassen und in die Suppe geben. Die Suppe mit Salz, Pfeffer und Tabascosauce würzen.

Tipp

Sie können auch ein kleines Stück frische Ingwerwurzel, das sehr fein geschnitten wird, verwenden. Frische Ingwerwurzeln müssen prall und gleichmäßig gelb-braun gefärbt sein. Je älter die Knolle, desto faseriger ist sie. Junger Ingwer ist fruchtig und saftig, älterer scharf. Zum Lagern in Frischhaltefolie wickeln und im Gemüsefach des Kühlschranks aufbewahren.

Asiatische Nudelsuppe

Für 1 Portion

25 g Suppennudeln
Salz
1 Austernpilz (ca. 50 g)
1 kleine Frühlingszwiebel
75 g Hähnchenbrustfilet
1 EL Möhren, gewürfelt (40 g)
1 TL Pflanzenöl
250 ml Gemüse-Hefebrühe (instant)
1 TL Sojasauce
Ingwerpulver
frisch gemahlener schwarzer Pfeffer

- Nudeln in Salzwasser nach Packungsanweisung garen.
- Austernpilz putzen, trockentupfen und in Streifen schneiden. Frühlingszwiebel in Ringe schneiden. Hähnchenbrustfilet würfeln.
- Möhrenwürfel in einer beschichteten Pfanne im heißen Pflanzenöl 5 Minuten unter Wenden anbraten, Pilzstreifen zufügen, mit Brühe aufgießen, mit Sojasauce würzen und zugedeckt 5 Minuten dünsten. Die Hähnchenbrustwürfel und Frühlingszwiebelringe unterheben, weitere 5 Minuten dünsten.
- Suppennudeln auf einem Sieb abgießen, gut abtropfen lassen und in die Suppe geben. Mit Ingwerpulver und Pfeffer würzen.

Nudelsalat mit Dill und Lachs

Für 1 Portion

30 g Vollkornnudeln
Salz
2 Tomaten
2 EL Gemüse-Hefebrühe (instant)
½ TL geriebener Meerrettich
2 TL Joghurt-Salat-Creme (25 % Fett)
frisch gemahlener weißer Pfeffer
30 g Räucherlachs
½ Bund Dill

- Nudeln in Salzwasser nach Packungsanweisung bissfest garen.
- Tomaten kreuzweise einritzen, mit kochendem Wasser übergießen, kurz stehen lassen, dann kalt abschrecken und häuten. Stängelansätze entfernen. Die Tomaten vierteln und würfeln.
- Gemüse-Hefebrühe, Meerrettich, Salz und Pfeffer verrühren.
- Nudeln abgießen, kalt abschrecken, gut abtropfen und abkühlen lassen und mit den Tomaten mischen.
- Lachs in Streifen schneiden. Den Dill abbrausen, trockenschwenken, die Dillzweige von den Stielen zupfen und grob schneiden. Mit den Lachsstreifen auf dem Nudelsalat verteilen. Joghurt-Salat-Creme unterheben und zum Anrichten alles vorsichtig mischen.

Nudelsalat mit Putenbrust

Für 1 Portion

30 g Vollkornnudeln
Salz
3 TL Joghurt-Salat-Creme
(25 % Fett)
1 EL Zitronensaft
Salz
frisch gemahlener weißer Pfeffer
3 EL Gemüse-Hefebrühe (instant)
1 Bund Radieschen
1 mittelgroße Gewürzgurke
1 Scheibe geräucherte Putenbrust
2 EL Mandarin-Orangen (Dose)
2 EL TK-8-Kräuter-Mischung

- Nudeln in Salzwasser nach Packungsanweisung bissfest garen.
- Joghurt-Salat-Creme, Zitronensaft, Salz, Pfeffer und Gemüsebrühe verrühren. Radieschen, Gewürzgurke und Putenbrust in Streifen schneiden, Mandarin-Orangen halbieren.
- Nudeln abgießen, kalt abschrecken und gut abtropfen lassen. Alles mit den Kräutern, den Nudeln und der Joghurt-Salat-Creme mischen.

Makkaroni-Salat mit Zucchini

Für 1 Portion

30 g Makkaroni
Salz
1 kleiner Zucchino (ca. 120 g)
50 g Kirschtomaten
2 EL Joghurt-Salat-Creme
(25 % Fett)
2 – 3 EL Magermilch
1 EL TK-Zwiebeln
½ TL Kapern
1 EL TK-Basilikum
frisch gemahlener weißer Pfeffer
1 Msp. Koriander, gemahlen

- Makkaroni in Salzwasser nach Packungsanweisung bissfest garen.
- Zucchino waschen und im Ganzen je nach Größe 5 bis 10 Minuten in Salzwasser garen. Das Stielende entfernen und Zucchino der Länge nach in dünne Scheiben, dann in lange Streifen schneiden.

- Kirschtomaten waschen, trockentupfen und halbieren, dabei den Stängelansatz entfernen.
- Joghurt-Salat-Creme, Magermilch, Zwiebeln, abgetropfte Kapern und Basilikum verrühren und mit Salz, Pfeffer und Koriander würzen.
- Makkaroni auf einem Sieb abgießen, kalt abschrecken, gut abtropfen lassen.Die Makkaroni halbieren oder vierteln, mit den Zucchinistreifen und den Tomatenhälften mischen und zuletzt die Salat-Creme unterheben.

Vollkornnudelsalat mit Sojasprossen

Für 1 Portion

30 g Vollkornnudeln
Salz
120 g Sojasprossen
4 EL stückige Tomaten (Packg. oder Dose)
3 TL Sojasauce
1 TL Zitronensaft
1 TL Pflanzenöl
2 EL TK-8-Kräutermischung

- Nudeln in Salzwasser nach Packungsanweisung garen, abgießen, kalt abschrecken und gut abtropfen lassen.
- Sojasprossen abbrausen, abtropfen lassen. Die Zutaten mit den stückigen Tomaten mischen.
- Sojasauce, Zitronensaft, Pflanzenöl und Kräutermischung verrühren und mit den Salatzutaten mischen.

Nudelsalat mit Chicorée

Für 1 Portion

40 g Vollkornnudeln
Salz
4 Lauchzwiebeln
1 mittelgroße Möhre
1 kleiner Chicorée
3 EL Zitronensaft
2 EL Wasser
1 EL Gemüse-Hefebrühe (instant)
2 Spritzer Sojasauce
Cayennepfeffer
1 TL Pflanzenöl

- Nudeln in Salzwasser geben und nach Packungsanweisung bissfest garen.
- Lauchzwiebeln, Möhre und Chicorée putzen. Lauchzwiebeln und Chicorée in Ringe schneiden, Möhre fein raspeln.
- Zitronensaft, Wasser, Brühe, Sojasauce, Cayennepfeffer und Öl zu einer Salatsauce verrühren.

- Nudeln auf einem Sieb abgießen, kalt abschrecken und gut abtropfen lassen.
- Lauchzwiebeln, Möhren und Nudeln unterheben, alles mit der Salatsauce vermengen und 10 Minuten ziehen lassen. Die Chicoréestreifen unterheben. Sofort anrichten.

Nudelsalat mit Zucchini

Für 1 Portion

50 g Vollkornnudeln
Salz
1 TL TK-Zwiebeln
½ Tasse (62,5 ml) Gemüse-Hefebrühe (instant)
frisch gemahlener weißer Pfeffer
1 TL Essig
½ TL getrockneter Estragon
1 kleiner Zucchino (150 g)
1 mittelgroße Tomate
1–2 EL TK-Kräuter der Provence

- Vollkornnudeln in Salzwasser nach Packungsanweisung bissfest garen.
- Zwiebelwürfel in die Brühe geben, mit Pfeffer, Essig und Estragon würzen und etwa 3 Minuten köcheln, dann abkühlen lassen.
- Zucchino putzen, waschen, Stängelansatz und die Spitze entfernen. Zucchino würfeln. Tomate waschen, trockentupfen und den Stängelansatz entfernen. Die Tomate klein schneiden.
- Nudeln auf einem Sieb abgießen, kalt abschrecken und gut abtropfen lassen.
- Zucchini- und Tomatenstücke mit den Nudeln in der Marinade mischen und Kräuter der Provence unterheben.

Bunter Nudelsalat

Für 1 Portion

40 g Vollkornnudeln
Salz
1 Tomate (50 g)
je 1 grüne und gelbe
Paprikaschote (150 g)
2 Frühlingszwiebeln (150 g)
1 EL Joghurt-Salatcreme
(25 % Fett)
1 EL Weinessig
frisch gemahlener weißer Pfeffer

- Nudeln in Salzwasser geben und nach Packungsanweisung bissfest garen.
- Gemüse putzen, waschen, trockentupfen. Tomaten, waschen, trockentupfen, Stängelansatz entfernen. Die Tomaten würfeln.
- Paprikaschoten waschen, trockentupfen, weiße Kerne und Trennwände entfernen. Paprika in Streifchen, Frühlingszwiebeln in dünne Ringe schneiden.
- Nudeln auf einem Sieb abgießen und gut abtropfen lassen. Alle Gemüsezutaten mit den Nudeln mischen.
- Für die Salatsauce die Salatmayonnaise, Weinessig und Gewürze verrühren, mit den Salatzutaten mischen und 10 Minuten durchziehen lassen.

Spaghettini-Salat mit Ingwer

Für 1 Portion

30 g Spaghettini
Salz
1 junge Frühlingszwiebel
2–3 Salatblätter (Kopf- oder
Chinakohlsalat)
75 g Sojasprossen
1 kleine Möhre
2 EL Joghurt-Salatcreme
(25 % Fett)
2–3 EL Magermilch
½ TL TK-Knoblauch mit Zwiebeln
1 Msp. Chilipaste
Ingwerpulver
½ TL Sesamsamen, geröstet

- Spaghettini in Salzwasser nach Packungsanweisung bissfest garen.
- Frühlingszwiebel, Salatblätter und Sojasprossen abbrausen und trockenschwenken. Die Frühlingszwiebel in dünne Ringe, die Salatblätter in feine Streifen schneiden. Möhre waschen, trockentupfen und grob raspeln.
- Spaghettini auf einem Sieb abgießen, kalt abschrecken, gut abtropfen lassen.
- Joghurt-Salat-Creme, Magermilch, Knoblauch mit Zwiebeln, Chilipaste und Ingwer verrühren.
- Spaghettini, Frühlingszwiebelringe, Salatstreifen und Möhrenraspel mischen und die Joghurt-Salat-Creme vorsichtig unterheben. Mit Salz würzen, 10 Minute durchziehen lassen. Mit den Sesamsamen bestreuen.

Nudelsalat mit Schafskäse

Für 1 Portion

40 g Vollkornnudeln
Salz
100 g Kirschtomaten
200 g Salatgurke
25 g Rucola
20 g schwarze Oliven
1 Tüte Fertigsaucenmischung für Salat
1 TL Pflanzenöl
25 g Schafskäse

- Nudeln in Salzwasser nach Packungsanweisung bissfest garen.
- Kirschtomaten und Gurke waschen und trockentupfen; die Tomaten halbieren, die Gurke würfeln. Rucola abbrausen, grob schneiden.
- Nudeln auf einem Sieb abgießen, kalt abschrecken, gut abtropfen lassen und mit dem Gemüse und den Oliven mischen.
- Inhalt der Fertigsaucenmischung nach Packungsanweisung mit Wasser und Öl verrühren und mit den Zutaten und den Nudeln mischen. Schafskäse klein schneiden und über den Salat streuen.

Farfalle-Salat mit Putenbrust

Für 1 Portion

30 g Nudeln (z. B. Farfalle)
Salz
25 g kleine Champignons
30 g geräucherte Putenbrust
je 3 EL Maiskörner und Erbsen
2 Blätter Eisbergsalat
2 EL Joghurt-Salatcreme (25 % Fett)
2–3 EL Magermilch
1 EL TK-Schnittlauch
1 Prise Piment, gemahlen
frisch gemahlener weißer Pfeffer

- Farfalle in Salzwasser nach Packungsanweisung bissfest garen.
- Champignons abreiben und in dünne Scheiben, die Putenbrust in dünne Streifen schneiden. Maiskörner abtropfen lassen, die Erbsen kurz mit kochendem Wasser überbrühen.

- Eisbergsalat abbrausen, trockenschwenken und in mundgerechte Stücke teilen.
- Salat-Creme, Milch, Schnittlauch, Piment und Pfeffer verrühren.
- Farfalle auf einem Sieb abgießen, kalt abschrecken, gut abtropfen lassen.
- Die Nudeln, Champignonscheiben, Putenbruststreifen, Maiskörner und Erbsen mischen und die Joghurt-Salat-Creme unterheben. 10 Minuten ziehen lassen.

Bunter Gemüsesalat

Für 1 Portion

1 kleiner Zucchino (100 g)
50 g Champignons
1 kleine Möhre (40 g)
40 g Eichenblattsalat
2 Scheiben Cervelatwurst, kalorienreduziert (z.B. von Du darfst)
2 EL Sherry- Essig
1 EL Wasser
1 Msp. Chilipaste
1 EL Pflanzenöl
½ TL TK-Knoblauch
½ TL TK-Zwiebeln
Salz
frisch gemahlener weißer Pfeffer
etwas Süßstoff
1 EL TK-Schnittlauch

- Das Gemüse putzen, waschen. Von dem Zucchino Spitze und Stängelansatz entfernen. Champignons abreiben. Zucchino, Champignons und Möhre in dünne Scheiben schneiden.
- Den Eichenblattsalat abbrausen, trockenschwenken, in mundgerechte Stücke zerpflücken. Die Cervelatwurst in dünne, schmale Streifen schneiden.
- Sherry-Essig, Wasser, Chilipaste, Knoblauch und Zwiebeln und Öl verrühren. Mit Salz, Pfeffer und Süßstoff würzen. Die Salatsauce mit den Zutaten mischen und alles mit Schnittlauch bestreuen.

Gefüllte Nudelblätter

Für 4 Portionen – Für Gäste

4 Lasagneblätter
Salz
1 Stange Lauch (ca. 150 g)
1 Frischkäse (z. B. Bresso cremig-sahnig)
2 EL Crème fraîche
1 EL Zitronensaft
frisch gemahlener weißer Pfeffer
8 Scheiben Räucherlachs

- Nudeln in Salzwasser nach Packungsanweisung bissfest garen.
- Lauch putzen, waschen, die Blätter ablösen, waschen und in reichlich Salzwasser etwa 3 Minuten blanchieren, kalt abbrausen und gut abtropfen lassen. Vier Lauchblätter beiseite legen.
- Frischkäse, Crème fraîche und Zitronensaft verrühren. Mit Salz und Pfeffer abschmecken.
- Die Nudelblätter vorsichtig mit dem Schaumlöffel aus dem Wasser heben, gut abtropfen lassen. Die Nudelblätter auf Alufolie nebeneinander legen und mit dem Lauch belegen. Die Frischkäsemasse darauf verteilen, glatt streichen und die Nudelblätter halbieren, sodass Quadrate entstehen. Auf jedes Quadrat eine Scheibe Räucherlachs legen und die Nudelblätter längs halbieren.
- Die gefüllten Nudelblätter mit den Lauchstreifen dekorativ zusammenbinden und anrichten.

Krabben-Baguette

Für 1 Portion

1 kleines Baguettebrötchen
1 EL Joghurt-Salat-Creme (25% Fett)
1 Msp. geriebener Meerrettich (aus dem Glas)
Salz
frisch gemahlener weißer Pfeffer
1 Salatblatt
3 kleine Champignons
30 g Salatgurke
30 g Nordseekrabbenfleisch
½ TL TK-Dill

- Baguettebrötchen waagerecht halbieren. Salatcreme, Meerrettich und Gewürze verrühren.
- Salatblätter abbrausen, trockenschwenken. Champignons abreiben, in dünne Scheiben schneiden. Salatgurke ebenfalls in dünne Scheiben schneiden.
- Baguettehälften mit Joghurt-Salat-Creme bestreichen, Salatblatt, Champignon- und Gurkenscheiben, Krabben und Dill darauf verteilen. Mit der oberen Baguettehälfte abdecken.

Farfalle-Salat mit grünen Bohnen

Für 1 Portion

50 g Farfalle
Salz
75 g grüne Bohnen
60 g kleine Kartoffeln
1 TL Weißweinessig
1 TL Olivenöl
½ TL geriebener Meerrettich (aus dem Glas)
Cayennepfeffer
Süßstoff
5 g Pistazienkerne
Basilikumblättchen

- Farfalle in Salzwasser nach Packungsanweisung bissfest garen.
- Bohnen putzen, waschen und halbieren. Kartoffeln schälen, längs vierteln und in leicht gesalzenem Wasser 10 Minuten garen. Die Boh-

nen 5 Minuten vor Ende der Garzeit zu den Kartoffeln geben. Abgießen, trocken dämpfen und abkühlen lassen.

- Nudeln auf einem Sieb abgießen, kalt abschrecken, gut abtropfen und abkühlen lassen.
- Essig, Meerrettich und Olivenöl zu einer Salatsauce verrühren. Mit Salz, Cayennepfeffer und Süßstoff würzen.
- Nudeln, Kartoffeln und Bohnen mit der Salatsauce mischen. Alles 10 Minuten zugedeckt durchziehen lassen. Zum Anrichten mit Pistazienkernen bestreuen und mit Basilikumblättchen garnieren.

Mahlzeiten für zwischendurch

Camembert mit Birne

Für 1 Portion

1 kleine Birne (60 g)
30 g Camembert, kalorienreduziert (17 % Fett)
frisch gemahlener schwarzer Pfeffer

- Birne vierteln, das Kerngehäuse entfernen und die Birnenviertel in dünne Scheiben schneiden.
- Camembert ebenfalls in Scheiben schneiden. Mit den Birnenscheiben abwechselnd auf einem Teller anrichten. Mit schwarzem Pfeffer bestreuen.

Toastbrot mit Lachsschinken

Für 1 Portion

1 Scheibe Toastbrot
1 kleines Stücke Senfgurke
2 Scheiben Lachsschinken, kalorienreduziert

- Toastbrot beidseitig toasten, mit dem Lachsschinken belegen. Die Senfgurke dazu essen.

Knäckebrot mit Fruchtquark

Für 1 Portion

1 EL Magerquark
1–2 TL Wasser
1 EL Konfitüre
1 Scheibe Knäckebrot

- Magerquark mit Wasser cremig rühren. Konfitüre untermengen. Die Quarkmasse auf dem Knäckebrot verteilen.

Knäckebrot mit Tilsiterkäse

Für 1 Portion

1 Scheibe Knäckebrot
etwas milder oder mittelscharfer Senf
50 g Salatgurke
Schnittlauchröllchen (frisch oder TK)
1 Scheibe Tilsiter Käse, kalorienreduziert

- Knäckebrot mit wenig Senf bestreichen. Die Gurke waschen, trockentupfen und in dünne Scheiben schneiden.
- Den Käse auf das Knäckebrot legen. Die Gurkenscheiben schuppenartig auf dem Käse anordnen.

Knäckebrot mit Schmelzkäse

Für 1 Portion

1 Scheibe Knäckebrot
½ Ecke Schmelzkäse, kalorienreduziert (z.B. von Du darfst)
2 Radieschen
Salz
frisch gemahlener weißer Pfeffer

- Knäckebrot mit dem Schmelzkäse bestreichen.
- Radieschen waschen, trockentupfen und in dünne Scheiben schneiden. Die Radieschenscheiben schuppenförmig auf dem Schmelzkäse verteilen. Mit wenig Salz und Pfeffer bestreuen.

Aprikose mit Sonnenblumenkernen

Für 1 Portion

3 reife Aprikosen
etwas Zitronensaft
1 EL Sonnenblumenkerne
5 Blätter Minze, gehackt

- Aprikosen waschen, trockentupfen, den Stein entfernen. Die Aprikosen in Spalten schneiden, die Sonnenblumenkerne darüber geben und mit in Streifen geschnittener Minze bestreuen.

Knäckebrot mit würzigem Quark

Für 1 Portion

2 EL Magerquark
½ TL TK Zwiebeln
Salz
frisch gemahlener weißer Pfeffer
1 Msp. Chilipaste
Knoblauchpulver
1 Scheibe Knäckebrot
1 kleine Tomate

- Magerquark, Zwiebeln, Gewürze und Chilipaste verrühren. Mit Knoblauchpulver abschmecken. Die Quarkmasse auf dem Knäckebrot verteilen.
- Tomate waschen, trockentupfen und in Scheiben oder Achtel schneiden, dabei die Stängelansätze entfernen. Zum Quark servieren.

Gurkenbrot mit Kräutern

Für 1 Portion

1 TL Tomatenmark
2 EL Magerquark
1 Scheibe Vollkornbrot
50 g Salatgurke
Salz
frisch gemahlener weißer Pfeffer
Dill, Schnittlauch, Petersilie

- Tomatenmark und Magerquark verrühren und die Vollkornbrotscheibe damit bestreichen.
- Die Gurke in dünne Scheibchen schneiden und das Brot damit schuppenartig belegen. Würzen und mit gehackten Kräutern bestreuen.

TIPP

Sie können statt Salatgurke auch in dünne Scheiben geschnittene Zucchini verwenden.

Knäckebrot mit Farmersalat

Für 1 Portion

1 Scheibe Knäckebrot
1 kleine Tomate
2 EL Farmersalat, kalorienreduziert (z.B. von Du darfst)

- Auf dem Knäckebrot den Farmersalat verteilen. Die Tomate waschen, trockentupfen, vierteln und dabei den Stängelansatz entfernen. Die Tomatenviertel zum Knäckebrot essen.

Obstsalat

Für 1 Portion

½ Apfel (30 g)
½ Mandarine (50 g)
1 TL Zitronensaft
1 EL Müsli-Mischung

- Den Apfel und die geschälte Mandarine in Stücke schneiden. Den Zitronensaft einrühren und in ein Gefäß geben.
- Zum Anrichten die Müsli-Mischung und den Zitronensaft miteinander verrühren.

Zitronendrink

Für 1 Portion

100 ml Dickmilch
2 TL Crème fraîche
1 TL Zitronensaft
etwas abgeriebene Zitronenschale
2 Tropfen Süßstoff

- Dickmilch, Crème fraîche, Zitronensaft und -schale verrühren; mit Süßstoff abschmecken. Den Drink in ein Glas geben.

Hamburger mit Senfgurke

Für 1 Portion

80 g Beefsteakhack
Salz
frisch gemahlener weißer Pfeffer
1 Msp. Chilipaste
1 TL Tomatenketchup
3 Zwiebelringe
1 Stück Senfgurke

- Beefsteakhack, Gewürze und Chilipaste mit einer Gabel mischen und pikant abschmecken. Ein rundes Hacksteak formen und in einer beschichteten Pfanne schnell anbraten, mit einem Deckel abdecken und 4 Minuten dünsten, einmal wenden.
- Den Hamburger mit Tomatenketchup und den Zwiebelringen garnieren. Die Senfgurke in Streifen schneiden und dazu anrichten.

Omelett mit Spinat

Für 1 Portion

1 Ei (Größe M)
1 TL Wasser
Salz
75 g TK-Spinat
Streuwürze
1 TL TK- Zwiebeln
1 Prise Muskatnuss, gerieben

- Ei, Wasser und Salz verrühren und die Masse in eine beschichtete Pfanne geben. Mit einem Topfdeckel abdecken und so lange braten, bis der Rand und die Unterseite leicht gebräunt sind und die obere Fläche noch weich ist.
- Spinat in einem kleinen Topf ohne Wasser auftauen lassen, die Zwiebeln zugeben und mit Muskatnuss würzen.
- Spinat auf das fertige Omelett streichen und zusammenrollen.

TIPP

Wenn Sie schon fertig gewürzten Spinat verwenden, bitte nicht mehr zusätzlich würzen!

Kräutersteak mit Kopfsalat

Für 1 Portion

80 g Schweinefilet
1 TL TK-8-Kräutermischung
1 Prise Salz
frisch gemahlener weißer Pfeffer
1 Portion gemischter Salat
2 EL Zitronensaft
1–2 EL Wasser
½ TL TK-Zwiebeln

- Das Filet waschen, trockentupfen und in zwei Scheiben schneiden. In einer beschichteten Pfanne ohne Fett von beiden Seiten braten.
- Die Kräuter, Salz und Pfeffer mischen und auf der Oberfläche des Steaks verteilen.
- Den Salat abbrausen, trockenschwenken. Zitronensaft, Wasser, Zwiebelwürfel, wenig Salz und Pfeffer verrühren und mit den Salatblättern mischen.

Spezialtipp

Bei der 1000-Kalorien-Diät dürfen Sie jeweils nur 1 Stück von diesen knusprigen Nudeltalern essen.

Knusprige Nudeltaler

Für 12 Stück

150 g Fadennudeln
3 EL Sojaöl
12 kleine Salbeiblätter
2 kleine Tomaten
1 kleine Zucchini
½ Birne
6 Scheiben Salami, kalorienreduziert
300 g Frischkäse mit Buttermilch, kalorienreduziert
Saft einer kleinen Zitrone
frisch gemahlener weißer Pfeffer

- Nudeln in reichlich Salzwasser 2 Minuten garen, auf einem Sieb abgießen und gut abtropfen lassen.
- Öl in einer beschichteten Pfanne erhitzen. Esslöffelweise die Nudeln hineingeben. Daraus 12 flache Fladen formen. Von beiden Seiten goldgelb braten, auf Küchenkrepp abtropfen lassen.
- Salbeiblätter im Bratfett wenden, rausnehmen und beiseite legen.

- Tomaten und Zucchini waschen, die Tomaten achteln, dabei die Stängelansätze entfernen. Die Zucchini längs halbieren, dann in Scheiben schneiden.
- Birnenhälfte entkernen, achteln und würfeln. Salami in dünne Streifen schneiden. Frischkäse und Zitronensaft verrühren und mit Salz und Pfeffer abschmecken.
- Nudeltaler mit den Gemüse- und Birnenstücken belegen. Frischkäsetupfer darauf setzen und mit Birne, Salami und Salbei garnieren.

Tomatenrührei

Für 1 Portion

2 kleine Tomaten
1 TL TK- Zwiebeln
Salz
frisch gemahlener weißer Pfeffer
1 Ei (Größe M)
1 Prise getrockneter Salbei
Schnittlauchröllchen
Dill (frisch oder TK)

- Die Tomaten waschen, trockentupfen, grob schneiden, dabei die Stängelansätze entfernen. Tomaten mit dem Pürierstab zerkleinern, die Zwiebeln, Gewürze und das Ei zugeben und unterrühren.
- Das Tomatenpüree in einer beschichteten Pfanne bei schwacher Hitze zugedeckt stocken lassen.
- Das Rührei mit Schnittlauch und Dill bestreuen.

Krabben auf Toast

Für 1 Portion

2 TL TK-Knoblauch
1 EL Wasser
3 EL Weißweinessig
1 EL TK-Petersilie
1 Nelke
1 kleines Lorbeerblatt
1 Prise Salz
frisch gemahlener weißer Pfeffer
50 g Tiefseekrabben
einige Salatblätter
½ Scheibe Toastbrot
2 Radieschen

- Knoblauch in Wasser dünsten. Vom Herd nehmen, Essig, Kräuter, Salz und Pfeffer zugeben. Erneut erhitzen. Danach die Krabben zugeben und unter Wenden 1 bis 2 Minuten zugedeckt ziehen lassen.
- Toastbrotscheibe rösten. Salatblätter abbrausen, trockenschwenken.
- Krabben auf dem Toastbrot anrichten. Radieschen ebenfalls waschen, trockentupfen und in Scheiben schneiden. Den Krabbentoast mit Salatblättern und Radieschenscheiben garnieren.

30 Extras für Zwischenmahlzeiten

Jede Portion hat 100 Kilokalorien

500 g Tomaten 500 g Spargel 3 grüne Gurken	2 mittelgroße Kohlrabi (500 g) 400 g Sauerkraut 2 kleine Äpfel (200 g)	**Gemüse**
1 große Birne (200 g) 1 mittelgroße Banane (150 g) 2 kleine Orangen (250 g) 2 mittelgroße Grapefruits (500g) 2 mittegroße Pfirsiche (250 g)	250 g frische Erdbeeren 250 g frische Himbeeren 250 g frische Johannisbeeren 1 Scheibe (100 g) Ananas, ungesüßt (aus der Dose)	**Obst**
1 Glas Apfelsaft 1 Glas Grapefruitsaft (Dose) 1 Glas Johannisbeersaft 1 Glas Orangensaft 1 Glas Limonade 1 Glas Cola	1 Glas Bier 150 ml Rotwein 150 ml Weißwein ⅛ l Kakaotrunk (mit Süßstoff gesüßt)	**Getränke** (1 Glas = 200 ml)
1 Becher Magermilch-Joghurt mit Süßstoff und 125 g Erdbeeren I Becher Magermilch-Joghurt mit Süßstoff und 1 kleinen Orange 1 Becher Magermilch-Joghurt mit Süßstoff und 1 EL Apfelmus	1 Becher Magermilch-Joghurt mit Süßstoff und ½ mittelgroßen Banane 1 Becher Magermilch- Joghurt mit Süßstoff und 125 g Himbeeren	**Joghurt**
¼ l (1 Tasse oder 1 Teller) Hühner- oder Fleischbrühe mit 1 Ei 1 Tasse Tomatensuppe (Fertigprodukt), dazu 1 Kräcker	1 Tasse Nudelsuppe (Fertigprodukt) 1 Tasse Blumenkohlsuppe (Fertigprodukt)	**Suppen**

Vier-Wochen-Speiseplan

Woche 1.

Frühstück (200 kcal.)	Müsli Oriental (S. 37)	**Montag**
Hauptgericht (400 kcal)	Spaghetti mit Paprika und Kapern (S. 47)	
Imbiss (200 kcal)	Rucola-Cremesuppe (S. 90)	
Extras (je 100 kcal)	Knäckebrot mit Schmelzkäse (S. 110), 1 Glas Apfelsaft (S. 117)	
Frühstück (200 kcal)	Quarkbrötchen (S. 34)	**Dienstag**
Hauptgericht (400 kcal)	Vollkornnudeln mit Zucchini-Gemüse (S. 66)	
Imbiss (200 kcal)	Käsebrot mit Birne (S. 33)	
Extras (je 100 kcal)	Omelett mit Spinat (S. 113),1 Becher Magermilch-Joghurt mit Süßstoff und 1 EL Apfelmus (S. 117).	
Frühstück (200 kcal)	Brötchen mit Frischkäse süß und pikant (S. 27)	**Mittwoch**
Hauptgericht (400 kcal)	Gemüsenudeln mit Rucola (S. 67)	
Imbiss (200 kcal)	Nudelsalat mit Zucchini (S. 99)	
Extras (je 100 kcal)	1 Tasse Tomatensuppe (Fertigprodukt) und 1 Cräcker (S. 117), Obstsalat (S. 112).	
Frühstück (200 kcal)	Vollkornbrot mit Corned Beef (S. 33)	**Donnerstag**
Hauptgericht (400 kcal)	Nudeln mit Zuckerschoten (S. 70)	
Imbiss (200 kcal)	Nudelsalat mit Schafskäse (S. 102)	
Extras (je 100 kcal)	Camembert mit Birne (S. 109),1 große Birne (S. 117)	
Frühstück (200 kcal))	Orangen-Apfel-Müsli (S. 44)	**Freitag**
Hauptgericht (400 kcal)	Nudeln mit Paprika und Fenchel (S. 71)	
Imbiss (200 kcal)	Bandnudeln mit Knoblauchsauce (S. 87)	
Extras (je 100 kcal)	Hamburger mit Senfgurke (S. 113), 1 Glas (200 ml) Bier (S. 117).	

Woche 2.

Samstag	Frühstück (200 kcal)	Knäckebrot mit Mortadella und Käse (S. 27),
	Hauptgericht (400 kcal)	Tomatennudeln (S. 56)
	Imbiss (200 kcal)	Krabben-Baguette (S. 106)
	Extras (je 100 Kcal)	1 Becher Magermilch-Joghurt mit Süßstoff und ½ Banane (S. 117), 1 Glas (200 ml) Orangensaft (S. 117)
Sonntag	Frühstück (200 kcal)	Quark-Müsli (S. 39)
	Hauptgericht (400 kcal)	Nudeln mit Lachs und Gurke (S. 78)
	Imbiss (200 kcal)	Käse-Gemüse-Suppe (S. 85)
	Extras (je 100 kcal)	1 Tasse Tomatensuppe (Fertigprodukt) und 1 Kräcker (S. 117), Zitronendrink (S. 112)
Montag	Frühstück (200 kcal)	Vollkornbrot mit Ei (S. 26)
	Hauptgericht (400 kcal)	Nudeln mit Gemüse und Putenbrust (S. 63)
	Imbiss (200 kcal)	Nudelpfannkuchen (S. 87)
	Extras (je 100 kcal)	1 Tasse Nudelsuppe (Fertigprodukt, (S. 117), Tomatenrührei (S. 116)
Dienstag	Frühstück (200 kcal)	Croissant mit Nuss-Sanddorn-Quark (S. 25)
	Hauptgericht (400 kcal)	Nudeln mit Hackfleischsauce (S. 60)
	Imbiss (200 kcal.)	Asiatische Nudelsuppe (S. 94), Zitronen-Drink (S. 112)
	Extras (je 100 kcal)	1 mittelgroße Banane (S. 117)
Mittwoch	Frühstück (200 kcal)	Kressebrot mit Tomate (S. 35)
	Hauptgericht (400 kcal)	Penne mit Thunfischsauce (S. 74)
	Imbiss (200 kcal)	Bunter Gemüsesalat (S. 104)
	Extras (je 100 kcal)	1 Tasse Blumenkohlsuppe (Fertigprodukt, S. 117), 2 kleine Orangen (S. 117)

Woche 3.

Donnerstag

Frühstück (200 kcal)	Joghurt-Apfel-Müsli (S. 40)
Hauptgericht (400 kcal)	Grüne Bandnudeln mit Champignons (S. 68)
Imbiss (200 kcal)	Geflügel-Nudel-Suppe (S. 91)
Extras (je 100 kcal)	Knäckebrot mit Fruchtquark (S. 109), 2 kleine Äpfel (S. 117)

Freitag

Frühstück (200 kcal)	Quarkbrot mit Erdbeeren (S. 26)
Hauptgericht (400 kcal)	Hackfleischnudeln mit Sojasprossen (S. 57)
Imbiss (200 kcal)	Tortiglioni in Fleischtomate (S. 85)
Extras (je 100 kcal)	Krabben auf Toast (S. 116),1 Glas (150 ml) Weißwein (S. 117)

Samstag

Frühstück (200 kcal)	Apfel-Mandarinen-Müsli (S. 37)
Hauptgericht (400 kcal)	Linguine mit Gemüse (S. 54)
Imbiss (200 kcal)	Spaghettini-Salat mit Ingwer (S. 100)
Extras (je 100 kcal)	Tomatenrührei (S. 116), Obstsalat (S. 112)

Sonntag

Frühstück (200 kcal)	Mandarinen-Müsli (S. 39)
Hauptgericht (400 kcal)	Rindergeschnetzeltes mit Nudeln (S. 56)
Imbiss (200 kcal)	Farfalle-Salat mit grünen Bohnen (S. 106)
Extras (je 100 kcal)	Toastbrot mit Lachsschinken (S. 109), 1 Becher Magermilch-Joghurt mit Süßstoff mit 125 g Erdbeeren (S. 117)

Montag

Frühstück (200 kcal)	Pumpernickel mit Käse (S. 34)
Hauptgericht (400 kcal)	Nudeln mit Basilikum-Tomatensauce (S. 70)
Imbiss (200 kcal)	Vollkorn-Nudelsalat mit Sojasprossen (S. 98)
Extras (je 100 kcal)	Knäckebrot mit Fruchtquark (S. 109), Ananas (S. 117)

Dienstag	Frühstück (200 kcal)	Käsebrot mit Birne (S. 33)
	Hauptgericht (400 kcal)	Gemüsenudeln mit Schinken (S. 64)
	Imbiss (200 kcal)	Käse-Gemüse-Suppe (S. 85)
	Extras (je 100 kcal)	Knäckebrot mit Farmersalat (S. 112), 1 große Birne (S. 117)
Mittwoch	Frühstück (200 kcal)	Kerniges Hüttenfrühstück (S. 42)
	Hauptgericht (400 kcal)	Nudeln mit Pilz-Schinken-Sauce (S. 65)
	Imbiss (200 kcal)	Bunter Nudelsalat (S. 100)
	Extras (je 100 kcal)	Aprikose mit Sonnenblumenkernen (S. 110), Knäckebrot mit Schmelzkäse (S. 110)
Donnerstag	Frühstück (200 kcal)	Roggenbrötchen mit Käse und Wurst (S. 32)
	Hauptgericht (400 kcal)	Nudeln mit buntem Gemüse und Fisch (S. 75)
	Imbiss (200 kcal)	Penne-Salat (S. 92)
	Extras (je 100 kcal)	Käsebrot (S. 30), 1 Glas (200 ml) Grapefruitsaft (S. 117)
Freitag	Frühstück (200 kcal)	Fruchtmüsli mit Dickmilch (S. 44)
	Hauptgericht (400 kcal)	Penne auf neapolitanische Art (S. 59)
	Imbiss (200 kcal)	Nudelsalat mit Radieschen und Zucchini (S. 93)
	Extras (je 100 kcal)	Omelett mit Spinat (S. 113), 1 Tasse Hühner- oder Fleischbrühe mit Ei (S. 117)
Samstag	Frühstück (200 kcal)	Bananenmüsli (S. 39)
	Hauptgericht (400 kcal)	Champignon-Salbei-Nudeln mit Schweinefilet (S. 52)
	Imbiss (200 kcal)	Nudelsalat mit Chicorée (S. 98)
	Extras (je 100 kcal)	Knäckebrot mit Tilsiterkäse (S. 110), Knäckebrot mit würzigem Quark (S. 111)

Woche 4.

Sonntag

Frühstück (200 kcal)	Honig- und Kräuterbrötchen (S. 35)
Hauptgericht (400 kcal)	Rindersteak mit Pfeffer-Pfirsich-Nudeln (S. 53)
Imbiss (200 kcal)	Nudelpfanne mit Tiefseegarnelen (S. 88)
Extras (je 100 kcal)	Tomatenrührei (S. 116), 1 Glas (200 ml) Cola (S. 117)

Montag

Frühstück (200 kcal)	Sesambrötchen mit Früchten (S. 25)
Hauptgericht (400 kcal)	Pennette-Rigate-Pfanne (S. 47)
Imbiss (200 kcal)	Tortiglioni in Fleischtomate (S. 85)
Extras (je 100 kcal)	400 g Sauerkraut (S. 117), Knäckebrot mit Fruchtquark (S. 109)

Dienstag

Frühstück (200 kcal)	Früchte-Müsli (S. 38)
Hauptgericht (400 kcal)	Nudeln mit Hackfleisch-Gemüse-Sauce (S. 61)
Imbiss (200 kcal)	Gnocchi-Salat mit Shrimps (S. 90)
Extras (je 100 kcal)	Quark-Brot mit Apfel (S. 34), 1 Glas (200 ml) Limonade (S. 117)

Mittwoch

Frühstück (200 kcal)	Lachsschinkenbrot mit Ei (S. 32)
Hauptgericht (400 kcal)	Nudeln mit Kräutermöhren (S. 66)
Imbiss (200 kcal)	Farfalle mit Putenbrust (S. 102)
Extras (je 100 kcal)	1 Becher Magermilch-Joghurt mit Süßstoff und 1 kleinen Orange (S. 117)

Donnerstag

Frühstück (200 kcal)	Aprikosen-Müsli (S. 45)
Hauptgericht (400 kcal)	Spaghettipfanne mit Schinken (S. 49)
Imbiss (200 kcal)	Nudelsalat mit Dill und Lachs (S. 95)
Extras (je 100 kcal)	Nudelpfannkuchen (S. 87), 1 Glas (200 ml) Rot- oder Weißwein (S. 117)

Freitag	Frühstück (200 kcal)	Quark-Brötchen (S. 34)
	Hauptgericht (400 kcal)	Penne mit Pilzen und Kräutern (S. 60)
	Imbiss (200 kcal)	Makkaroni-Salat mit Zucchini (S. 96)
	Extras (je 100 kcal)	Kräutersteak mit Kopfsalat (S. 114), 1 Scheibe (100 g) Ananas aus der Dose (S. 117)
Samstag	Frühstück (200 kcal)	Grapefruit-Müsli (S. 42)
	Hauptgericht (400 kcal)	Geflügelleberpfanne mit Vollkornnudeln (S. 62)
	Imbiss (200 kcal)	Nudel-Tomatencremesuppe (S. 94)
	Extras (je 100 kcal)	Krabben auf Toast (S. 117), 250 g Beerenfrüchte, z. B. Erd-, Him- oder Johannisbeeren (S. 117)
Sonntag	Frühstück (200 kcal)	Quarkbrot mit Apfel (S. 34)
	Hauptgericht (400 kcal)	Nudeln mit Paprika und Fenchel (S. 71)
	Imbiss (200 kcal)	Nudelsalat mit Putenbrust (S. 96)
	Extras (je 100 kcal)	⅛ l Kakaotrunk mit Süßstoff (S. 117), 500 g Tomaten (S. 117)

Die Rezeptauswahl wurde so zusammengestellt, dass täglich 1000 Kilokalorien verzehrt werden. Sie können natürlich individuell nach Ihrem Geschmack eigene Wochenpläne aufstellen.

Rezeptregister

A

Apfel-Mandarinen-Müsli 37
Aprikose mit Sonnenblumenkernen 110
Aprikosen-Müsli 45
Asiatische Nudelsuppe 94

B

Bananen-Müsli 39
Bandnudeln mit Knoblauchsauce 87
Brötchen mit Frischkäse – süß und pikant 27
Bunte Frühstückseier 30
Bunter Gemüsesalat 104
Bunter Nudelsalat 100

C

Camembert mit Birne 109
Champignon-Salbei-Nudeln mit Schweinefilet 52
Chinesische Nudelsuppe 62
Croissant mit Nuss-Sanddorn-Quark 25

F

Farfalle-Salat mit grünen Bohnen 106
Farfalle-Salat mit Putenbrust 102
Früchte-Müsli 38
Fruchtmüsli mit Dickmilch 44
Fruchtmüsli mit Ingwer 44
Frucht-Porridge 45

G

Geflügelleberpfanne mit Vollkornnudeln 62
Geflügel-Nudel-Suppe 91
Gefüllte Nudelblätter 104
Gemüsenudeln mit Rucola 67
Gemüsenudeln mit Schinken 64
Gnocchi-Salat mit Shrimps 90
Grapefruit-Müsli 42
Grüne Bandnudeln mit Champignons 68
Gurkenbrot mit Kräutern 111

H

Hackfleischnudeln mit Sojasprossen 57
Hamburger mit Senfgurke 113
Honig- und Kräuterbrötchen 35

J

Joghurt-Apfel-Müsli 40

K

Käsebrot mit Birne 33
Käsebrot 30
Käse-Gemüse-Suppe 85
Kerniges Hüttenfrühstück 42

EL = Esslöffel
TL = Teelöffel
mg = Milligramm
g = Gramm
kg = Kilogramm
ml = Milliliter
l = Liter
Packg. = Packung
Msp. = Messerspitze
TK = Tiefkühl

Knäckebrot mit Farmersalat 112
Knäckebrot mit Fruchtquark 109
Knäckebrot mit Mortadella und Käse 27
Knäckebrot mit Schmelzkäse 110
Knäckebrot mit Tilsiterkäse 110
Knäckebrot mit würzigem Quark 111
Knusprige Nudeltaler 114
Krabben auf Toast 117
Krabben-Baguette 106
Kräutersteak mit Kopfsalat 114
Kressebrot mit Tomate 35

L

Lachsschinkenbrot mit Ei 32
Linguine mit Gemüse 54

M

Makkaroni-Salat mit Zucchini 96
Mandarinen-Müsli 39
Müsli Oriental 37
Müsli selbst gemacht 38

N

Nudelauflauf mit Tomaten 81
Nudeln mit Basilikum-Tomatensauce 70
Nudeln mit buntem Gemüse und Fisch 75
Nudeln mit Gemüse und Putenbrust 63
Nudeln mit Hackfleisch-Gemüse-Sauce 61
Nudeln mit Hackfleischsauce 60
Nudeln mit Kräutermöhren 66
Nudeln mit Lachs und Gurke 78
Nudeln mit Paprika und Fenchel 71
Nudeln mit Pilz-Schinken-Sauce 65
Nudeln mit Spargel und Lachs 76
Nudeln mit Zuckerschoten 70
Nudel-Omeletts 83
Nudelpfanne mit Sojasprossen 74
Nudelpfanne mit Tiefseegarnelen 88
Nudelpfannkuchen 87
Nudelsalat mit Chicorée 98
Nudelsalat mit Dill und Lachs 95
Nudelsalat mit Putenbrust 96
Nudelsalat mit Radieschen und Zucchini 93
Nudelsalat mit Schafskäse 102
Nudelsalat mit Zucchini 99
Nudel-Tomatencremesuppe 94

O

Obstsalat 112
Omelett mit Spinat 113
Orangen-Apfel-Müsli 44

P

Penne auf neapolitanische Art 59
Penne mit Pilzen und Kräutern 60
Penne mit Thunfischsauce 74

Penne-Salat 92
Pennette-Rigate-Pfanne 47
Pilz-Eier-Brote 28
Pumpernickel mit Käse 34

Q

Quarkbrot mit Apfel 34
Quarkbrot mit Erdbeeren 26
Quarkbrötchen 34
Quark-Müsli 39

R

Rhabarber-Müsli 40
Rindergeschnetzeltes mit Nudeln 56
Rindersteak mit Pfeffer-Pfirsich-Nudeln 53
Roggenbrötchen mit Käse und Wurst 32
Rucola-Cremesuppe 90

S

Scharfe Hühnersuppe mit Glasnudeln 82
Sesambrötchen mit Früchten 25
Spaghetti mit Kräutern 48
Spaghetti mit Paprika und Kapern 47
Spaghetti mit Paprika-Tomaten-Püree 50
Spaghettini mit Garnelenschwänzen 78
Spaghettini-Salat mit Ingwer 100
Spaghettipfanne mit Schinken 49
Spinatnudeln mit Parmaschinken 52

T

Toastbrot mit Lachsschinken 109
Tomatennudeln 56
Tomatenrührei 116
Tortiglioni in Fleischtomate 85
Trofiette nach römischer Art 80

V

Vollkornbrot mit Corned Beef 33
Vollkornbrot mit Ei 26
Vollkorn-Makkaroni mit Sojasprossen und Tiefseekrabben 72
Vollkornnudeln mit Trüffel 68
Vollkornnudeln mit Zucchinigemüse 66
Vollkornnudelsalat mit Sojasprossen 98

Z

Zitronendrink 112

Wichtiger Hinweis

Die im Buch veröffentlichten Ratschläge wurden mit größter Sorgfalt von Verfasserin und Verlag erarbeitet und geprüft. Eine Garantie kann jedoch nicht übernommen werden. Ebenso ist eine Haftung der Verfasserin bzw. des Verlages und seiner Beauftragten für Personen-, Sach- oder Vermögensschäden ausgeschlossen.

Die Autorin

Karin Iden, diplomierte Diätassistentin aus Hamburg, war im Nestlé-Konzern für Verbraucherfragen zuständig und leitete danach das Kochstudio der Zeitschrift »Menü«. Seit 20 Jahren arbeitet sie als freiberufliche Food-Journalistin und Autorin für Zeitschriften und Buchverlage.

Bildnachweis

Umschlagfoto: StockFood/Michael Brauner

Fotos: Buitoni Seite 46, 58, 80, 86, 107; CMA Fotoservice Seite 24, 29, 31; Du darfst Seite 84, 108, 115; Karin Iden Seite 10, 51, 69, 73, 77; Ketchum Seite 89; Köllnflockenwerke Seite 36, 41, 43; Premium Seite 118; StockFood / Reiner Schmitz Seite 82; Thomy Seite 92, 97, 101, 103; Union Deutscher Lebensmittelwerke GmbH Seite 20, 55, 79, 105; ZEFA / Hartmut Kiefer / Pete Leonhard Seite 3, 5;

Bibliografische Information Der Deutschen Bibliothek

Die Deutsche Bibliothek verzeichnet diese Publikation in der Deutschen Nationalbibliografie; detaillierte bibliografische Daten sind im Internet über http://dnb.ddb.de abrufbar.

Projektleitung: Franz Leipold
Redaktion: Gertje Schkopp-Witte, Stade
Herstellung und Satz: Jörg Alt
Umschlagkonzeption: Zero Werbeagentur, München
Printed in Italy
ISBN 3-426-66740-1

Besuchen Sie uns im Internet:

www.knaur.de